Können Fische seekrank werden?

DER KINDER BROCKHAUS

Können Fische seekrank werden?

Kuriose Fragen und Antworten aus dem Tierreich

F. A. Brockhaus

Projektleitung: Michaela Raßloff, Sabine Steinem
Redaktion: 2THINK, Jochen Dilling, Hanno Ballhausen, Dietmar Falk, Ute Kleinelümern
Herstellerische Leitung: Franziska Hans
Layout: Horst Bachmann
Illustrationen: Judith Arndt, Volker Fredrich, Isabel Große Holtforth, Nina Heinke, Daniela Pohl, Andrea Stitz
Umschlagabbildungen: Nina Heinke, Daniela Pohl
Umschlaggestaltung: Dirk Bischoff
Satz: Dirk Bischoff

Printed in Slovenia

ISBN 978-3-577-07538-1

MIX
Paper from responsible sources
FSC® C057358
FSC www.fsc.org

www.kinderbrockhaus.de

FRAGEN ÜBER FRAGEN?

Jeder, der die Welt aufmerksam betrachtet, trifft immer wieder auf Dinge, die er nicht versteht. Dann fragt man Erwachsene oder sucht die Antwort in einem Lexikon. Doch auch da findet man nicht immer die richtige Antwort.

Der Brockhaus-Verlag hat daher für alle Neugierigen etwas Tolles eingerichtet: Jedes Kind, das ein Kinder-Brockhaus-Lexikon besitzt, ist Mitglied im Clever-Club und darf der Redaktion jede Frage stellen, die die Lexika nicht beantworten. So gehen täglich viele kuriose und verblüffende Fragen bei uns ein. Die spannendsten davon haben wir in diesem Band beantwortet.

Viel Spaß beim Schmökern wünscht
die **Kinder-Brockhaus-Redaktion**

WARUM HAT DER ALBATROS PROBLEME BEIM LANDEN?

Kein anderer Vogel kann die Flügel so weit ausbreiten wie der Albatros. Bis zu 3,50 Meter sind es von seiner rechten Flügelspitze bis zur linken. Mit solch großen Flügeln zu fliegen, ist gar nicht so einfach. Starts und Landungen verlangen dem Albatros viel Geschick ab. Mitunter überschlägt sich der Vogel sogar und landet recht unsanft auf dem Boden.

Wenn der Albatros jedoch erst einmal in der Luft ist, versteht er es hervorragend, sich vom Wind treiben zu lassen. Wie ein Segelflugzeug bewegt er sich voran. Er kann stundenlang gleiten, ohne auch nur einmal mit den Flügeln zu schlagen.

WARUM REGNET ES IN EINEN AMEISENHAUFEN NICHT REIN ?

Der kuppelförmige Ameisenhaufen ist ein raffiniert gebautes Nest eines Waldameisenstaates. Er besteht hauptsächlich aus trockenen Pflanzenteilen wie kleinen Zweigen, Tannennadeln oder Blättern. Für einen besseren Halt wird der Ameisenhaufen oft um einen Baumstumpf herumgebaut. Um ihn vor Regen und Kälte zu schützen, besteht die äußere Schicht des Hügels aus kleinen, dicht gepackten Pflanzenteilen. Die Eingänge des Nestes lassen sich öffnen oder verschließen. Dadurch können die Wärme und die Feuchtigkeit im Inneren des Ameisenhaufens geregelt werden.

WIE ERKENNT DIE AMSEL, WO DER REGENWURM IST?

Regenwürmer leben im Boden und kommen regelmäßig nach oben, um Laub zu fressen oder ihre Kothaufen abzusetzen. Unter einem Rasenstück leben eine Menge Würmer. Das weiß auch die Amsel. Deshalb sieht man den schwarzen Vogel mit seinem goldgelben Schnabel oft auf einem Rasen hin- und herhüpfen. Dabei achtet die Amsel auf jede Bewegung und stößt blitzschnell zu, wenn sich ein Wurm zeigt. Ihr Trippeln wird auch von den Würmern wahrgenommen. Sie halten es für Regentropfen und kommen an die Luft, um nicht in ihren Röhren zu ertrinken.

WIE ANGELN ANGLERFISCHE?

Es ist kaum zu glauben, doch Anglerfische können tatsächlich angeln. Der erste Stachel ihrer Rückenflosse ist zu einer Angel umgebildet. Sie leuchtet und dient als Köder. Der Anglerfisch schwenkt sie vor seinem Kopf hin und her und wartet darauf, dass sich ein neugieriger Fisch nähert. Dann reißt der Anglerfisch sein riesiges Maul auf und verschlingt sein Opfer.

WARUM STERBEN MANCHE TIERARTEN AUS ?

In den Jahrmillionen, in denen es Leben auf der Erde gibt, sind schon viele Millionen Tier- und Pflanzenarten ausgestorben. Grund dafür ist die Zerstörung der Lebensräume. Wenn sich zum Beispiel das Klima sehr stark ändert, können sich Tiere und Pflanzen oft nicht schnell genug an die veränderte Umwelt anpassen. Tiere haben vielleicht nicht mehr genug Nahrung oder Pflanzen nicht mehr genug Wasser.

Heute sterben aber mehr Tiere und Pflanzen aus als jemals zuvor. Schuld daran ist der Mensch, der Lebensräume zerstört, zum Beispiel wenn er die Regenwälder abholzt.

WARUM SIND BERNHARDINER GUTE LAWINENHUNDE ?

Benannt wurden die Bernhardiner nach einem Kloster am Pass des Großen Sankt Bernhard in der Schweiz. Ihre Vorfahren sind Berghunde, die einst von durchziehenden römischen Legionen in die Schweiz gebracht wurden. Bereits im 11. Jahrhundert setzten die Mönche des Klosters die Hunde als Rettungshunde ein. Seit etwa 1680 werden die Tiere in einem Hospiz auf dem Großen Sankt Bernhard gezüchtet.

Bernhardiner werden heute häufig als Suchhunde eingesetzt. Sie sind sehr kräftig, besitzen eine große Ausdauer und einen besonders scharfen Geruchssinn. Sie können verschüttete Menschen aufspüren, selbst wenn diese unter einer metertiefen Schneedecke begraben liegen.

Die Mönche auf dem Sankt Bernhard züchteten die Tiere allerdings nicht wegen ihres Suchtalents, sondern wegen ihrer großen Kraft. Sie benutzten die Bernhardiner als Zugtiere, um Lasten zu transportieren. Die kräftigen Hunde waren bestens dazu geeignet, Pfade durch den Neuschnee zu bahnen.

WARUM STERBEN BIENEN NACH DEM STICH?

Bei den Bienen sind nur die Weibchen mit einem Stachel bewaffnet, den sie in Notwehr gegen ihre Feinde einsetzen. Wenn Bienen andere Artgenossen stechen, sterben sie daran nicht. Wenn Bienen jedoch einen Menschen stechen, hat das fatale Folgen: Der mit einem Widerhaken versehene Stachel bleibt in der Haut stecken. Beim Abflug wird der komplette Stechapparat mit der Giftblase aus dem Hinterleib der Biene herausgerissen. Die entstehende Wunde ist für das Insekt tödlich.

KANN DIE BLINDSCHLEICHE NICHTS SEHEN?

Die Blindschleiche ist keineswegs blind. Sie hat recht große Augen, mit denen sie sogar blinzeln kann. Ihr Name stammt aus dem Althochdeutschen. Vor vielen Hundert Jahren wurde das Tier „blintslichho" genannt. Das bedeutet in etwa „blendende Schleiche" und bezieht sich wahrscheinlich auf die im Sonnenlicht glänzende Färbung. An der Oberseite sind die Tiere meist braun gefärbt, bei vielen zieht sich eine feine schwarze Mittellinie über den Körper. Die Unterseite ist schwarz bis blaugrau.

Blindschleichen sind übrigens keine Schlangen. Sie gehören zur Familie der Schleichen, die wiederum zu den Echsen gehören. Im ersten Moment ist das kaum zu glauben, denn die Blindschleiche sieht tatsächlich wie eine Schlange aus und hat auch keine Beine. Aber sie kann wie die meisten Echsen

ihren Schwanz abwerfen, wenn sie sich bedroht fühlt.

Blindschleichen können einen halben Meter lang werden. Sie fressen fast ausschließlich Nacktschnecken und Regenwürmer. Die Jungen wachsen im Mutterleib in Eiern heran, aus denen sie aber bereits während der Geburt oder unmittelbar danach schlüpfen.

WIE LAUT BRÜLLEN BRÜLLAFFEN?

In den Regenwäldern von Mittel- und Südamerika ist häufig ein kräftiges Brüllen zu hören. Es kommt von den Brüllaffen, die mit diesen lauten Rufen ihr Revier markieren. Bis zu fünf Kilometer weit ist das Brüllen der Tiere zu hören. Die Brüllaffen ziehen in kleinen Trupps durch den Regenwald und suchen nach Nahrung. Dabei lassen sie immer wieder ihr markerschütterndes Gebrüll ertönen. Damit wollen sie vermutlich andere Affen davor warnen, in ihr Revier einzudringen.

WIE WECHSELN CHAMÄLEONS IHRE FARBE ?

Unter der schuppigen Oberhaut mancher Echsenarten, wie dem Chamäleon, befinden sich weitere Hautschichten, die bewegliche Zellen mit unterschiedlichen Farben enthalten. Fühlt sich das Tier von einem feindlichen Angreifer bedroht, kann es die Farbe seiner Umgebung annehmen. Die Farbzellen lagern sich um – manche werden ganz klein oder verblassen, andere vergrößern sich und treten in den Vordergrund. Je nach Anordnung der Farben entstehen verschiedene Muster.

Ein Chamäleon kann seine Farbe in Sekundenschnelle verändern. Ein Farbwandel wird nicht nur zur Tarnung eingesetzt, sondern kann auch Wut signalisieren.

WIE ATMEN DELFINE?

Wale und Delfine sind Säugetiere, die im Wasser leben. Sie atmen daher – im Unterschied zu den Fischen – nicht durch Kiemen, sondern wie die Menschen durch Lungen. Delfine können zwar mehrere Minuten, aber nicht endlos lang unter Wasser bleiben, denn dort müssen sie die Luft anhalten. Wenn sie wieder Luft brauchen, müssen sie dazu an die Wasseroberfläche auftauchen.

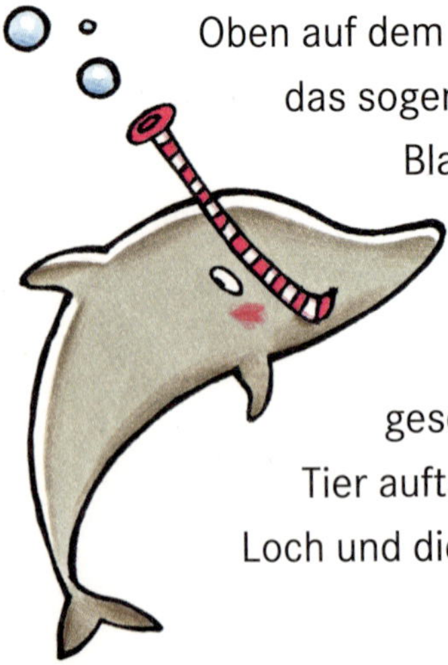

Oben auf dem Kopf haben die Delfine das sogenannte Blasloch. Dieses Blasloch öffnet sich beim Atmen, sodass die Luft eindringen kann. Unter Wasser ist es geschlossen. Wenn das Tier auftaucht, öffnet sich das Loch und die verbrauchte Luft wird

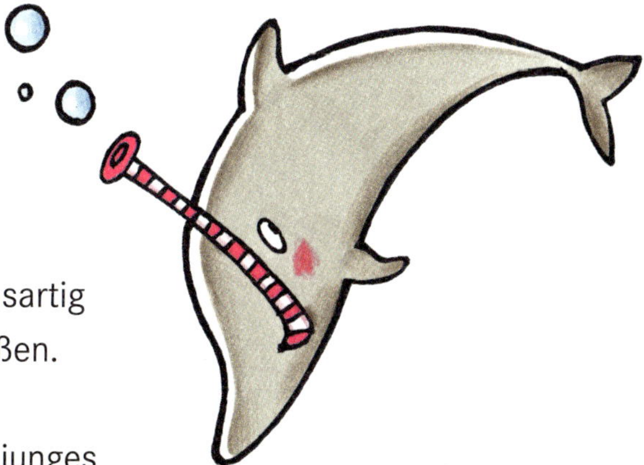

explosionsartig ausgestoßen.

Ein Delfinjunges wird unter Wasser geboren, und zwar mit der Schwanzflosse voran. Gleich nach der Geburt begleitet die Mutter das Junge zur Wasseroberfläche, wo es Atem holen muss. Dies ist ein gefährlicher Moment, denn bei der Geburt kann Blut austreten und Haie anlocken. Deshalb schützen andere Delfinweibchen Mutter und Kind, indem sie die Haie ablenken.

WARUM HABEN MANCHE DINOSAURIER STEINE GEGESSEN?

Bei mehreren Ausgrabungen wurden Steine bei Dinosaurierskeletten entdeckt. Es waren Skelette von pflanzenfressenden Dinosauriern und die Steine lagen genau an der Stelle, wo einst der Magen des Tieres war. Da manche Pflanzenfresser keine Zähne zum Kauen hatten, mussten sie eine andere Möglichkeit zum Zerkleinern der Nahrung wählen: Sie schluckten einfach Steine hinunter, die im

Mageninneren durch den Verdauungsvorgang hin und her bewegt wurden. Auf diese Weise konnten die unzerkauten Pflanzenteile zu einem nährstoffreichen Brei zermahlen und verdaut werden.

Es gab aber auch Pflanzenfresser mit besonders vielen Zähnen. Der Hadrosaurus hatte im hinteren Teil seines Kiefers über 960 Zähne!

LEBT DIE DOSENSCHILDKRÖTE IN EINER DOSE ?

Die Dosenschildkröte hat ihren Namen von ihrem Panzer. Wie bei allen Schildkröten besteht er aus zwei Teilen: dem Rückenpanzer (das ist der obere, gewölbte Teil) und dem Bauchpanzer (das ist der untere Teil). Die Dosenschildkröte hat am Bauchpanzer bewegliche Scharniere, mit denen sie den oberen und unteren Panzer vorn und hinten vollkommen verschließen kann. Sie ist dann bestens geschützt und liegt wie in einer Dose.

GAB ES FRÜHER EINMAL DRACHEN ?

In Märchen, Legenden oder Sagen wird immer wieder von Drachen berichtet. Sogar in der Bibel taucht die Figur des Drachen an einigen Stellen auf. Oft wird er als riesige Gestalt mit Flügeln wie ein Vogel, einem geschuppten Körper wie eine Schlange und mit scharfen Klauen beschrieben. Häufig haben Drachen mehrere Köpfe, spucken Feuer und bedrohen die Menschen. Nur in Ostasien gilt der Drache als Symbol des Glücks. In Wirklichkeit hat es Drachen nie gegeben.

WIE WEIT KÖNNEN EICHHÖRNCHEN SPRINGEN?

Eichhörnchen können bei ihren Sprüngen eine Weite von vier bis fünf Metern erreichen. Hierzulande sieht man sie oft in Wäldern, Parks und Gärten. Sie sind wahre Kletterkünstler und verbringen fast ihr ganzes Leben in den Wipfeln hoher Bäume. Geschickt klettern sie mit ihren scharfen Krallen an den Stämmen auf und ab, immer mit dem Kopf voraus und oft schneller als man gucken kann. Oder sie springen zielsicher von Ast zu Ast. Dabei benutzen sie ihren langen, buschigen Schwanz als Steuerruder und um das Gleichgewicht zu halten.

WAS WAR ZUERST DA – DIE HENNE ODER DAS EI?

Die Henne legt ein Ei, aus dem wieder ein Küken schlüpft. Aber wo war die Henne drin, die das Ei gelegt hat? In einem Ei. Doch wer hat das Ei gelegt? Um dieses Problem zu lösen, muss man eine Zeitreise in die Vergangenheit machen. Wenn wir vor ungefähr 230 Millionen Jahren anhalten, finden wir nicht nur die ersten Dinosaurier, sondern auch Eier. Denn die Dinosaurier gehören zu den Reptilien, und die legten immer schon Eier. Von Vögeln, zu denen die Henne gehört, ist jedoch weit und breit noch keine Spur. Die haben sich erst Millionen Jahre später aus den Reptilien entwickelt. Man nennt das Evolution. Damit ist klar, das Ei war zuerst da.

WO WOHNT DER EINSIEDLERKREBS ?

Der Einsiedlerkrebs hat ein sehr empfindliches Hinterteil. Sein Schwanz ist sehr weich, jeder Feind kann ihn dort packen und verletzen. Also muss der Einsiedlerkrebs seinen Schwanz schützen. Deshalb wohnt er im leeren Haus einer Wellhornschnecke und trägt es als Schutz ständig mit sich herum.

Im Lauf der Zeit wächst der Einsiedlerkrebs. Dann wird das Schneckenhaus zu klein. Nun sucht der Krebs nach einer neuen Behausung. Wenn er ganz sicher ist, dass das neue Schneckenhaus groß genug ist, windet er sich aus dem alten Haus und steckt sein Hinterteil blitzschnell in das neue Zuhause.

LEBEN EINTAGSFLIEGEN NUR EINEN TAG?

Einige Arten leben nur wenige Stunden, andere wenige Tage. Sie können in der kurzen Zeit nicht mal fressen, weil ihre Mundwerkzeuge verkümmert sind. Nachdem die Fliegen als Larven ein bis vier Jahre im Wasser verbracht haben, schlüpfen sie, paaren sich, legen Eier und sterben. Vor der Paarung sieht man Eintagsfliegen anmutig „tanzen“. Sie steigen meterhoch in die Luft und sinken dann wieder nach unten. Ihre Schwanzfäden benutzen sie dabei als Bremse.

KÖNNEN EISBÄREN ERFRIEREN ?

Eine dicke Fettschicht unter der Haut und ein dichtes Fell schützen den Eisbären vor Kälte. Sein Fell besteht aus einem kurzhaarigen Unterfell und sehr viel längeren Deckhaaren. Insgesamt kann der Pelz bis zu 30 Zentimeter dick werden. Die Haare sind innen hohl und dienen vor allem als Windschutz und Wärmespeicher. Da das Fell sehr ölig ist, kann der Bär nach der Jagd im eiskalten Wasser die gesamte Nässe abschütteln, bevor diese gefriert.

Die Haut unter dem Fell ist fast schwarz, wodurch die Wärme der wenigen Sonnenstrahlen optimal absorbiert wird. Die Wärme wird an die Fettschicht weitergeleitet, die direkt unter der Haut liegt. Fettschicht und Fell isolieren den Körper so gut, dass fast keine Wärme verloren geht. Im warmen

Sonnenschein können sich die Bären sogar überhitzen. Selbst wenn sie kurze Strecken laufen, müssen sie sich mehrmals hinlegen, um sich im Schnee wieder abzukühlen.

Wenn der Winter kommt, gräbt sich der Eisbär ein oder lässt sich einschneien. Die kalte Jahreszeit verbringt er in seiner Schneehöhle, denn dort ist es recht warm.

LEBT DER EISVOGEL IM EIS?

Der Name täuscht: Der Eisvogel mag es ganz und gar nicht eisig. Denn wenn die Gewässer, an denen er lebt, zufrieren, findet er nicht mehr genügend Nahrung. Eisvögel ernähren sich hauptsächlich von kleinen Fischen, Wasserinsekten und kleinen Krebstieren. Sie fangen ihre Beute, indem sie sich kopfüber ins Wasser stürzen. Seinen Namen hat der „coole Taucher“ also nicht vom Eis, sondern vom alten deutschen Wort „eisan“, was „schillernd“ bedeutet. Denn je nach Lichteinfall leuchten Brust und Bauch rostrot oder orange, Flügel und Rücken dagegen eisblau bis türkis.

WAS MACHT DER ELEFANT IM PORZELLANLADEN?

Will man dem Sprichwort glauben, stiftet er dort nur Unheil und Chaos. Doch ein Elefant ist genau das Gegenteil von einem unbeholfenen Tollpatsch. Bevor sich der Dickhäuter in eine unbekannte Umgebung vorwagt, erkundet er mit seiner Rüsselspitze alles ganz vorsichtig. Auch bei jedem Schritt beweisen Elefanten ihre Feinfühligkeit. Sie bewegen sich nämlich auf den Zehenspitzen. Dabei lastet ihr enormes Gewicht auf den elastischen Polstern unter dem Fußknochen. Sie passen sich jeder Unebenheit an und sorgen für ein sicheres Auftreten. Außerdem sind diese Polster sehr empfindlich, so dass der Elefant bei jedem Schritt stets achtsam und vorsichtig ist.

KRIEGEN ENTEN KALTE FÜSSE?

Die Füße von Enten, Gänsen oder auch Pinguinen bestehen vor allem aus Sehnen, Knochen und einer dicken Hornhautschicht. Bei der Fortbewegung im kalten Wasser oder übers Eis kühlen sie dennoch nicht aus. Dafür sorgt ein dichtes Netz von Blutgefäßen in den Beinen der Tiere. Warmes Blut aus dem Körperinneren fließt ganz nah an den Venen vorbei, die das abgekühlte Blut aus den Füßen zurück zum Körper transportieren, und wärmt dieses dabei auf.

WARUM SEHEN ERDMÄNNCHEN IMMER ZUM HIMMEL ?

Hauptfeinde der Erdmännchen, die in den Halbwüsten Süd- und Südwestafrikas leben, sind Giftschlangen und Greifvögel. Erdmännchen leben in größeren Gruppen. Ein Teil dieser Gruppe wird als Wache abgestellt und beobachtet ständig die Umgebung und den Himmel. Dabei stellen sich die Tiere auf die Hinterbeine und stützen sich mit dem Schwanz ab.

Sobald die Wächter eine Gefahr erspäht haben, stoßen sie einen Schrei aus. Alle Erdmännchen in der Nähe verschwinden blitzschnell im Bau. Erdmännchen sind sehr vorsichtige Tiere. Die Wächter müssen ständig ein Piepsen von sich geben, damit die übrigen Erdmännchen wissen, dass sie noch auf dem Posten sind.

WIE LANG SCHLÄFT EIN FAULTIER AM TAG?

Das Faultier schläft bis zu 19 Stunden am Tag. Und auch wenn es wach ist, bewegt es sich nur äußerst langsam. Wenn es ein Faultier einmal besonders eilig hat, legt es gerade mal zwei Meter in der Minute zurück.

Faultiere bewegen sich so wenig, dass sich in ihrem Fell grüne Algen einnisten. Manche Faultiere bekommen dadurch einen grünlichen Schimmer. Praktisch an ihrer Trägheit ist, dass die Tiere von den meisten Raubtieren nicht entdeckt werden, da diese nur Bewegungen wahrnehmen.

Die Tiere verbringen den größten Teil ihres Lebens auf den Bäumen. Dabei hängen sie mit dem Rücken nach unten an den Ästen. An ihren starken Armen und Beinen haben sie lange Klauen, mit denen sie sich fest-

halten. Der Scheitel ihres Fells ist deshalb auf der Bauchseite: So kann das Regenwasser besser ablaufen!

Auch bei der Nahrungssuche sind die Faultiere faul: Sie futtern einfach die Blätter und Früchte, die ihnen vors Maul kommen.

KÖNNEN FISCHE SEEKRANK WERDEN?

Kaum zu glauben, aber es stimmt! Fische verfügen wie wir Menschen über ein Gleichgewichtsorgan, das durch schaukelnde Bewegungen gestört werden kann. In Versuchen haben Forscher Fische per Raumkapsel ins All befördert. Dort oben schwammen sie plötzlich orientierungslos im Kreis.

Aber auch auf der Erde können Fische seekrank werden: etwa wenn Fischer sie aus ruhigeren Tiefen in stürmische Gewässer holen oder wenn sie beim Transport vom Zoogeschäft zum heimischen Aquarium durchgeschüttelt werden. Sollte ihnen richtig schlecht werden, erbrechen sich Fische sogar.

TRINKEN FISCHE DAS WASSER, IN DEM SIE SCHWIMMEN?

Es kommt darauf an, wo die Fische leben. Meerwasser ist salziger als die Körperflüssigkeit von Meeresfischen. Deshalb entzieht es den Fischen Wasser. Die Fische haben Durst und müssen trinken. Das Salz drücken sie sofort über die Kiemen wieder heraus. Mit dieser Technik gelangt nur salzfreies Wasser in ihren Körper und sie trocknen nicht aus. Bei Süßwasserfischen ist es genau anders herum. Sie nehmen ständig Wasser durch die Haut auf, weil ihre Körperflüssigkeit salziger ist. Sie müssen nicht trinken. Im Gegenteil: Sie müssen ständig Wasser ausscheiden, um nicht zu platzen.

WARUM STEHEN FLAMINGOS HÄUFIG AUF EINEM BEIN?

Flamingos frieren nicht gern. Der Wärmeverlust über die ungefiederten Beine ist bei den Vögeln ziemlich hoch – vor allem im Wasser. Darum versuchen Flamingos bei Wind und Kälte eines ihrer Beine im Gefieder warmzuhalten. Das verbindet sie übrigens mit Störchen und anderen langbeinigen Vögeln. Besonders in Ruhe- und Schlafphasen kann man Flamingos in dieser Position beobachten. Ein Sperrmechanismus im Gelenk verhindert, dass das Standbein einknickt. So bleibt es ohne Anstrengung und Muskelkraft gestreckt. Ein zusätzliches Gleichgewichtsorgan sorgt dafür, die Körperhaltung stabil zu halten.

WIE KÖNNEN FLEDERMÄUSE IM DUNKELN SEHEN?

Fledermäuse können gar nicht gut sehen. Mit ihren großen Ohren können sie aber außergewöhnlich gut hören und sich so bei Dunkelheit orientieren. Denn Fledermäuse sind dämmerungs- und nachtaktive Tiere. Das heißt, sie schlafen gewöhnlich am Tag und jagen in der Nacht. Dazu stoßen sie sehr hohe Töne aus, die unsere Ohren nicht mehr wahrnehmen können. Ist ein Hindernis oder ein Insekt in der Nähe, hören die fliegenden Jäger das zurückkommende Echo. So können sie sich ein „Bild" von ihrer Umgebung oder von der Größe oder der Flugrichtung ihrer Beute machen.

WIE HOCH KÖNNEN FLIEGEN FLIEGEN?

Obwohl Fliegen nur zwei Flügel haben, gehören sie zu den besten Fliegern im Insektenreich. Zwar sind sie meist in der Nähe von Menschen anzutreffen, doch wenn es sein muss, können sie ganz schön hoch fliegen. 2000 Meter schafft eine gewöhnliche Stubenfliege – vorausgesetzt, es ist in der luftigen Höhe noch warm genug. Fliegen können aber nicht nur hoch, sondern auch weit fliegen. Ohne Unterbrechung bringen sie es auf etwa zwei Flugstunden. Dabei legen sie eine Strecke von sieben bis acht Kilometern zurück.

WIE WEIT FLIEGEN DIE FLIEGENDEN FISCHE?

Fliegende Fische sind immer fliehende Fische, die von einem Raubfisch gejagt werden. Und das Fliegen ist eher ein Gleiten mit Weiten von 20 bis 50 Metern. „Antriebsmotor" ist die Schwanzflosse. Diese schlägt so schnell hin und her, bis der Fisch mit etwa 60 Stundenkilometern aus dem Wasser emporschnellt. Dabei werden die Brust- und Bauchflossen ausgebreitet und dienen als Tragflächen. Verliert der Fisch an Geschwindigkeit, fällt er auf die Wasseroberfläche zurück. Tiere mit großer Ausdauer können solch einen Flug mit kurzem Zwischenspurt bis zu viermal wiederholen.

KÖNNEN FLÖHE WALZER TANZEN?

Auf jeden Fall sind Flöhe exzellente Springer. Die Winzlinge können über 20 Zentimeter hoch und 35 Zentimeter weit springen. Im Vergleich dazu müsste ein Mensch aus dem Stand über den Kölner Dom hüpfen. Für Flöhe ist diese Fähigkeit bei der Suche nach einem neuen Wirt wichtig. Die kleinen blutrünstigen Parasiten leben gern im dichten Fell von Säugetieren. Ihre Sprungkraft machte die Flöhe auch zum Namensgeber für den „Flohwalzer“, ein kleines Klavierstück, bei dem die Finger regelrecht über die Tasten springen. Eigentlich ist der Flohwalzer aber gar kein Walzer. In anderen Ländern heißt er auch „Eselsmarsch“ oder „Katzenpolka“.

WAS MACHT DAS FLUSSPFERD GEGEN SONNENBRAND?

Flusspferde leben im tropischen Afrika an den Ufern von Seen und langsam fließenden Flüssen. Die meiste Zeit tummeln sie sich im Wasser, damit ihre empfindliche Haut nicht austrocknet. Beim stundenlangen Dösen ragen nur die Ohren, Augen und Nasenlöcher über die Oberfläche. Um sich an Land vor einem Sonnenbrand zu schützen, sondert ihre Haut rötlich gefärbten Schweiß ab, der wie eine Sonnenmilch wirkt. Außerdem verhindert der zähe Schleim das Wachstum von Krankheitserregern.

QUAKEN ALLE FRÖSCHE GLEICH?

Nein, jede Art hat ihren eigenen „Gesang". Auf diese Weise wird sichergestellt, dass auch in einem Gewässer, in dem mehrere Arten gemeinsam musizieren, zur Paarungszeit die richtigen Partner zusammenfinden. Im Übrigen sind es die Männchen, die bei den Fröschen den Ton angeben, die Weibchen bleiben weitgehend stumm. Die Tonhöhe ist jeweils von der Körpergröße des Tieres abhängig. Auf diese Weise kann sich das Weibchen durch genaues Zuhören ein „Bild" von dem Männchen machen. Und ein Rivale kann so die Stärke seines Konkurrenten abschätzen.

WARUM FALLEN GECKOS NICHT VON DER DECKE?

Geckos haben besondere Füße. Die Enden ihrer Zehen sind verbreitert und mit hauchdünnen Borsten versehen. Warum sie mit diesen Zehen fest am Untergrund zu kleben scheinen, erklärt die Physik: Zwischen den Borstenspitzen und der Unterlage entstehen schwache elektrische Kräfte, die sich gegenseitig anziehen. Da der Gecko viele Borsten besitzt, reicht die Anziehungskraft aus, ihn an der Decke zu halten. Übrigens können Geckos dank ihrer besonderen Füße auch auf spiegelglatten Flächen wie zum Beispiel Glas laufen.

WIE SCHNELL KANN EIN GEPARD LAUFEN ?

Der Gepard ist das schnellste an Land lebende Tier. Mit seinem biegsamen Körper erreicht er Spitzengeschwindigkeiten bis zu 120 Stundenkilometern – allerdings nur auf kurzen Strecken.

Der Körper des Gepards ist nur für Sprints über kurze Strecken ausgelegt. Nach wenigen Hundert Metern ist die Raubkatze außer Atem und muss eine Verschnaufpause einlegen. Das gilt auch dann, wenn sie zum Beispiel eine Gazelle erbeutet hat. Der Gepard ist erst einmal viel zu müde, um zu fressen. Und genau darauf warten Löwen, Wildhunde und Hyänen. Blitzschnell versuchen sie, dem Gepard seine Beute abzujagen.

WARUM HABEN GIRAFFEN SO LANGE HÄLSE?

Giraffen sind mit einer Körperhöhe von etwa sechs Metern die höchsten Tiere der Welt und haben von allen Säugetieren den längsten Hals. Er besteht zwar nur aus sieben Halswirbeln, jeder von ihnen ist jedoch etwa 40 Zentimeter lang. Das war nicht immer so: Früher, vor vielen Millionen Jahren, hatten die Vorfahren der Giraffen noch kurze Hälse. Der extrem lange Hals hat jedoch einen großen Vorteil: Die Tiere in der afrikanischen Savanne kommen nun ohne Mühe an die Blätter der hohen Akazienbäume heran, die sie besonders gern mögen. Giraffen schlafen übrigens im Liegen und legen dabei ihren Hals an den Körper. Allerdings schlafen sie immer nur wenige Minuten, da sie in dieser Stellung sehr angreifbar sind.

WIE GLÜHEN GLÜHWÜRMCHEN?

In warmen Sommernächten zwischen Mitte Juni und Anfang Juli sieht man nachts manchmal winzige Lichter durch die Dunkelheit schwirren. Es sind männliche Glühwürmchen, die unterwegs sind, um nach einer Partnerin Ausschau zu halten. An der Unterseite ihres Hinterteils haben sie ein Organ, das durch bestimmte chemische Reaktionen leuchtet wie ein kleines Lämpchen.

Die Weibchen leuchten auch, aber sie haben nur Stummelflügel und können nicht fliegen. Sie sitzen derweil im Gras und machen durch Lichtzeichen auf sich aufmerksam. Die Männchen können sehr gut sehen und machen die Leuchtsignale schnell aus. Anschließend landen sie punktgenau neben der Lichtquelle.

Glühwürmchen sind eine Familie der Käfer

mit über 2000 Arten. Man nennt sie auch Leuchtkäfer. Ihre Larven können auch schon leuchten. Sie ernähren sich von Schnecken, die erwachsenen Käfer nehmen keine Nahrung mehr zu sich.

WOMIT ZIRPT DIE GRILLE?

Das Zirpen erzeugen die Grillen, indem sie die Kante des einen Flügels an der Kante des anderen Flügels reiben. Diese Kanten heißen „Schwirrkanten“. Ähnliche Töne entstehen, wenn man mit einem Fingernagel über einen Kamm fährt. Übrigens zirpen nicht alle Grillen. Nur die Männchen veranstalten ein solches Konzert, um dadurch die Weibchen auf sich aufmerksam zu machen. Die Weibchen sitzen meist in der Nähe und lauschen verzaubert den Tönen.

Wenn in einer schönen Sommernacht das Konzert einer Grille zu hören ist, bedeutet das nicht, dass die Grille in der Nähe sitzt. Ihr Zirpen ist bis zu 50 Meter weit zu hören.

KÖNNEN TIERE GRIPPE BEKOMMEN?

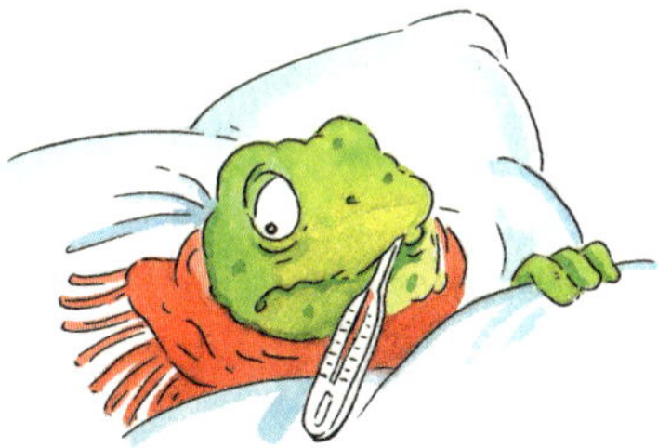

Nicht nur Menschen können Grippe bekommen. Auch Säugetiere, wie zum Beispiel Pferde, Schweine, Hunde oder Katzen können sich mit Grippeviren anstecken. Besonders gefährlich ist die Vogelgrippe. Ist ein Tier erst einmal krank, ist die Ansteckungsgefahr extrem hoch. Die Vögel bekommen dann hohes Fieber, Durchfall, fressen nichts mehr und können nur noch schwer atmen. Der Virus endet in jedem Fall tödlich für das Tier. Auch Menschen können sich anstecken, wenn sie engen Kontakt zu erkrankten Tieren haben.

WORAUS BESTEHT GÜLLE ?

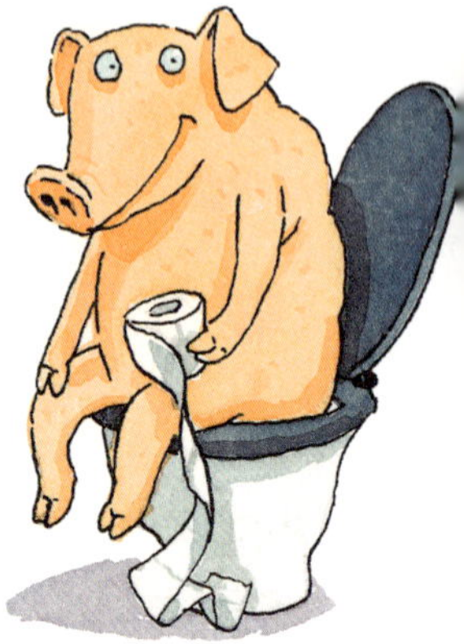

Viele Menschen denken, Gülle, Jauche und Mist wären dasselbe. Das stimmt aber nicht. Als Jauche bezeichnet man den Harn der Tiere, als Mist den mit Stroh vermischten Kot. Gülle besteht aus Kot, Harn und Reinigungswasser aus den Ställen. Sie entsteht also nur, wenn die Tiere ohne Stroh gehalten werden. Gülle ist ein wertvoller Dünger. Deshalb entsorgen die Bauern sie nicht einfach, sondern pumpen die Gülle trotz ihres strengen Geruchs aus den Ställen in große Güllesilos. Dort wird sie aufbewahrt, bis der Bauer sie weiterverwenden kann, zum Beispiel zum Düngen auf den Feldern.

WO TRÄGT DAS GÜRTELTIER DEN GÜRTEL?

Das Gürteltier trägt nicht nur einen, sondern viele Gürtel. Das sind aber keine Gürtel, wie wir sie von unseren Hosen kennen: Der Panzer eines Gürteltiers ist vorne und hinten zu starren Platten verwachsen. In der Mitte des Rückens sitzen die beweglichen „Gürtel“. So geschützt, kann sich das Gürteltier gegen seine Feinde behaupten. Sobald ein Angreifer kommt, rollt sich das Tier zusammen und wartet ab, wie sich sein Gegenüber die Zähne an ihm ausbeißt. Ist die Gefahr vorüber, geht das Gürteltier wieder seiner Wege. Meistens ist es bei der Suche nach Insekten und anderen kleinen Tieren nachts unterwegs.

MÜSSEN HAIE ZÄHNE PUTZEN?

Haie haben „lebendige Zahnbürsten". Kleine Fische, man nennt sie auch Putzerfische, schwimmen in ihr geöffnetes Maul und reinigen die messerscharfen Zähne. So werden die flinken Putzerfische satt und die Haizähne sauber. Angst vor Zahnausfall wegen mangelnder Pflege braucht der Hai aber ohnehin nicht zu haben, denn sein Gebiss besteht aus mehreren Zahnreihen, die immer nachwachsen. Sobald ein Zahn ausbricht oder abgenutzt ist, rückt sofort ein neuer Zahn aus der folgenden Reihe in die Lücke. Manche Haiarten wechseln die vordere Zahnreihe sogar jede Woche aus, ganz egal, ob die Zähne stumpf sind oder nicht.

WARUM KÖNNEN HAUSKATZEN NICHT BRÜLLEN?

Hauskatzen können nicht brüllen, weil sie zu den Kleinkatzen gehören. Man muss nämlich zwischen Großkatzen und Kleinkatzen unterscheiden. Zu den Großkatzen gehören Tiger, Schneeleopard, Löwe, Leopard und Jaguar – und alle können laut brüllen. Das liegt an ihrem elastischem Zungenbein. Bei Kleinkatzen ist dieser Teil des Kehlkopfes verknöchert. Weil das Zungenbein sich dadurch nicht dehnen kann, können Kleinkatzen auch nicht brüllen, sondern nur schnurren. Das wiederum können die Großkatzen nicht.

WARUM SCHWIMMEN HERINGE IN SCHWÄRMEN?

Heringe sind beliebte Speisefische, nicht nur für Menschen, sondern auch für zahlreiche Fische, Seevögel und Meeressäuger. Um sich vor Feinden besser schützen zu können, bilden die rund 25 Zentimeter großen Silberlinge riesige Schwärme. Dadurch sinkt für jeden einzelnen Hering das Risiko, von einem Angreifer entdeckt zu werden. Naht ein Jäger heran, rückt der Schwarm dicht zusammen und verwirrt den Angreifer durch die schiere Masse der Leiber. Bei ihren größten Feinden, den Menschen mit den Fischernetzen, wirkt diese Taktik jedoch nicht – im Gegenteil, so werden sie gleich in großer Menge gefangen.

WO HABEN HEUSCHRECKEN IHRE OHREN?

Da kannst du lange suchen: Sie haben gar keine Ohren. Heuschrecken hören entweder mit den Vorderbeinen oder mit dem Hinterleib. Die Laubheuschrecke hat unter den Kniegelenken Gruben, die von einer dünnen Membran überzogen sind und ähnlich wie das menschliche Trommelfell funktionieren. Die Hörorgane der Feldheuschrecke sitzen dagegen links und rechts am ersten Hinterleibsring in festem Abstand zueinander. So kann sie die Richtung der Schallquelle orten, ohne sich zu bewegen.

TRAGEN NUR MÄNNLICHE HIRSCHE EIN GEWEIH?

Bei fast allen Hirscharten tragen nur die Männchen ein Geweih auf dem Kopf. Es gibt zwei Ausnahmen: Wasserrehe haben überhaupt keine Geweihe und bei den Rentieren haben auch die Weibchen eins. Hauptsächlich dient das Geweih den männlichen Tieren bei Auseinandersetzungen untereinander – zum Beispiel bei Rivalitäten um ein Weibchen. Nach der Brunftzeit werden die knöchernen Stangen abgeworfen. Innerhalb weniger Monate wachsen sie – meist größer – wieder nach. Viele Menschen glauben übrigens, der Hirsch sei das männliche Tier und das Reh das Weibchen. Das ist falsch: Rehe gehören zur Familie der Hirsche, dort gibt es Männchen wie Weibchen.

TRAGEN HIRSCHKÄFER EIN GEWEIH?

Nein. Die geweihartigen Auswüchse der männlichen Hirschkäfer sind extrem vergrößerte Oberkiefer. Doch zum Zerteilen und Zerkauen von Nahrung sind sie nicht geeignet. Hirschkäfer ernähren sich von austretendem Baumsaft, den sie mit ihrer Pinselzunge auflecken. Die großen Zangen werden nur bei den Zweikämpfen zwischen den Hirschkäfermännchen während der Paarungszeit eingesetzt. Sieger ist, wer mit Hilfe der Zangen seinen Rivalen in die Luft schleudert, ihn auf den Rücken befördert oder von einem Ast wirft.

WARUM FALLEN HÜHNER IM SCHLAF NICHT VON DER STANGE?

Für Menschen ist es häufig schon im wachen Zustand mühsam, auf einem Ast sitzend die Balance zu halten. Erstaunlich, dass die Hühner sogar im Schlaf nicht von der Stange fallen! Hühner haben Krallen an den Zehen und eine angeborenen Greifreflex in den Füßen. Dadurch schließen sich die Krallen automatisch, wenn sie einen Ast oder eine Stange berühren. Die Krallen öffnen sich erst wieder, wenn sich die Hühner besonders anstrengen. Bei den Menschen ist das genau umgekehrt: Wir müssen uns anstrengen, wenn wir etwas greifen wollen.

WARUM WEDELN HUNDE MIT DEM SCHWANZ?

Hunde können nicht nur bellen, knurren, heulen oder winseln, um sich zu verständigen. Sie benutzen auch ihren Schwanz (Rute), um damit ein Zeichen zu geben. Ist der Hund entspannt, hängt die Rute meist leicht abstehend nach unten. Wenn er besonders aufgeregt ist, wedelt er mit seinem hoch aufgerichteten Schwanz auch ruckartig hin und her. Mit dem entspannten Schwanzwedeln bringt der Hund hingegen seine Freude zum Ausdruck, zum Beispiel bei der Begrüßung eines Familien-(Rudel-) Mitglieds oder beim Spiel. Fast gilt: je freudiger, desto schneller.

WIE VIELE STACHELN HAT EIN IGEL ?

Ein ausgewachsener Igel kann bis zu 16 000 Stacheln auf seinem Rücken haben. Sie sind mehrere Zentimeter lang, beweglich und stecken mit kleinen Verdickungen in der Rückenhaut. Beim Straffen der Haut stellen sie sich senkrecht auf. Die harten, spitzen Stacheln schützen ihn vor feindlichen Angriffen. Bei Gefahr rollt sich der Igel einfach ein und wird zu einer Stachelkugel, die keinen Angriffspunkt mehr bietet. Ein Fuchs holt sich dann nur eine blutige Schnauze.

Wenn die kleinen Igel auf die Welt kommen, scheinen sie noch keine Stacheln zu haben. Bei genauerem Hinsehen allerdings sind einige Dutzend weiße Stacheln zu erkennen, die bereits unter der Rückenhaut verborgen

sind. Sie durchbrechen die Haut in den ersten Lebensstunden des Igels.

Übrigens gibt es eine Unterfamilie der Igel, die gar keine Stacheln besitzt. Sie werden auch als Haar- oder Rattenigel bezeichnet und haben weiche, dichte Haare und einen langen Schwanz. Allerdings leben sie heute fast nur noch in Südostasien und auf den Philippinen.

WO SIND DIE INSEKTEN IM WINTER?

Es gibt viele verschiedene Insekten und alle haben ihre eigene Taktik, um den kalten Winter zu überstehen. Die meisten legen während dieser Zeit die sogenannte Entwicklungsruhe ein, die sie an geschützten Stellen im Boden, unter einer Laubschicht, hinter Baumrinden oder in Mauerritzen verbringen.

Marienkäfer fallen in großen Gruppen in die Winterstarre. Vor dem Erfrieren schützt sie eine Art Frostschutzmittel im Blut. Während sich die Weibchen einiger Stechmücken mit Blut vollsaugen und sich ein Winterquartier suchen, sterben die Männchen bereits im Herbst. Genauso ergeht es den Wespen: Nur die Königin überlebt in einem Schlupfwinkel. Auch die meisten Schmetterlinge sterben. Sie lassen aber an Pflanzenstängeln ihre

Eier zurück. Einige Falter überwintern als Raupen, im Puppenstadium an einen Baum geklebt, in Kokons eingesponnen oder im Boden eingegraben. Nur wenige Schmetterlinge, wie das Tagpfauenauge, überdauern als fertiges Insekt. Und wem es gar zu kalt wird, wie dem Admiral, der zieht in den warmen Süden.

HABEN KALTBLUT-PFERDE KALTES BLUT?

Pferde sind wie wir Menschen Säugetiere und alle Säugetiere sind Warmblüter. Sie halten ihre Körpertemperatur unabhängig von der Außentemperatur gleichmäßig warm. Wenn man bei einem Pferd von Kaltblüter spricht, hat das also nichts mit der Temperatur des Blutes zu tun. Vielmehr beschreibt es das Temperament der Tiere. Während Warmblutpferde eher als aufbrausend und temperamentvoll gelten, lassen sich die kräftigen Kaltblutpferde durch fast nichts aus der Ruhe bringen. Darum wurden sie früher auch als Zugpferde für schwere Lasten in der Landwirtschaft und bei der Waldarbeit eingesetzt.

WAS HAT DAS KAMEL IN SEINEN HÖCKERN ?

In seinen Höckern speichert ein Kamel Fett (nicht Wasser!). Das Fett liefert Energie, wenn die Nahrung knapp wird. Kamele speichern auch hervorragend Wasser im Körper. Absolut nichts wird vergeudet. Ihr Urin ist dick wie Sirup, ihr Dung extrem trocken. Bei Wassermangel kann ein Kamel ein Viertel seines Körpergewichts verlieren, aber es kann den Verlust auch in wenigen Minuten wieder wettmachen: Es säuft und säuft und säuft.

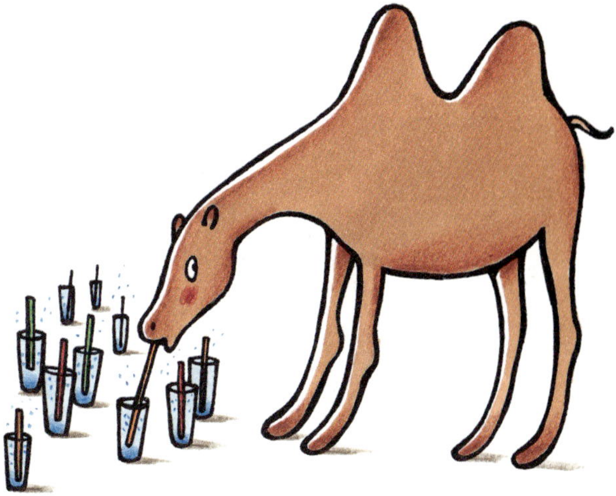

STAMMEN DIE KANARIEN-VÖGEL VON DEN KANAREN?

Auf den Kanarischen Inseln vor der Küste Afrikas lebt der Kanarengirlitz, der der Vorfahr des Kanarienvogels ist. Spanische Seefahrer brachten 1478 die ersten wilden Vögel auf das europäische Festland. Daraus züchteten die Menschen die Tiere, wie wir sie heute kennen. Ihre besonderen Kennzeichen sind die gelben Federn und der abwechslungsreiche Gesang.

Ihren Namen erhielten die Kanarischen Inseln vermutlich auch von Seefahrern, die erstaunt über die vielen großen Hunde (lateinisch „canis“) auf den Inseln waren.

WIE KOMMT DAS KÄNGURU-BABY IN DEN BEUTEL?

Kängurus gehören zu den Beuteltieren. Wie bei allen Beuteltieren kommt das Kängurujunge extrem früh zur Welt und wächst in einer Felltasche heran. In diesem Beutel befinden sich auch die Zitzen, an denen die Jungen gesäugt werden.

Allerdings wird das Kängurubaby nicht im Beutel geboren. Wenn es auf die Welt kommt, ist es noch völlig unbehaart, taub und blind. Und es ist ein Winzling – gerade mal zwei Zentimeter lang und wenige Gramm schwer. Dennoch kämpft es sich gleich nach der Geburt durch das Fell der Mutter, bis es den Beutel erreicht hat. Hier findet es Nahrung und Schutz. Erst im Beutel, wo es sich an einer Zitze festsaugt, reift es heran. Nach rund sieben Monaten darf es zum ersten Mal aus dem Beutel raus

und kann nun endlich die Luft seiner australischen Heimat schnuppern.

Noch viel kleiner als das Neugeborene des Kängurus ist übrigens das der Beutelmaus. Es ist so winzig, dass man es mit bloßem Auge gar nicht sehen kann!

WARUM PUTZEN SICH DIE KANINCHEN OFT HINTER DEN OHREN?

Wenn Kaninchen sich hinter den Ohren putzen, machen sie sich auch sauber. Viel wichtiger aber ist, dass hinter den Ohren Drüsen sitzen, die Fett absondern. Dieses Fett nehmen die Kaninchen mit den Pfoten auf. Wenn sie dann ihre Pfoten ablecken, gelangt dieses Fett in ihren Körper. Dort unterstützt es die Bildung von Vitamin D. Und so wie ein Mensch Vitamine braucht, um gesund zu bleiben, benötigt auch das Kaninchen Vitamine. Vitamin D ist wichtig für das Knochenwachstum.

WARUM LEUCHTEN KATZENAUGEN NACHTS?

Katzen haben eine spezielle Zellschicht aus reflektierenden Kristallen auf ihrer Netzhaut, die wie eine Art Spiegel wirkt und in der Nacht das schwache noch vorhandene Licht reflektiert. Wenn Katzenaugen nachts angeleuchtet werden, sieht es aus, als würden die Augen gelblich grün leuchten. Diese Kristallschicht heißt „tapetum lucidum“ und sorgt dafür, dass die Sehzellen doppelt beleuchtet werden.

Bei Katzen ist der Sehsinn auf die Jagd, vor allem in der Dämmerung und in der Dunkelheit, eingestellt. Katzen können in der Dunkelheit genauso gut sehen wie bei Tageslicht. Allerdings haben sie sehr viel empfindlichere Augen als Menschen. Deshalb verengen sich an hellen Tagen ihre Pupillen zu schmalen Schlitzen, damit möglichst wenig Licht ins Auge treffen kann. Wenn es

dunkel ist, weiten sich die Pupillen der Katze bis auf 14 Millimeter (der Mensch kann seine Pupillen höchstens bis acht Millimeter ausweiten). Dadurch kann viel mehr Licht in das Katzenauge einfallen. Um etwas zu sehen, reicht einer Katze noch ein Sechstel der Lichtmenge aus, die ein Mensch benötigen würde.

WOMIT KLAPPERT DIE KLAPPERSCHLANGE?

Sie klappert mit einer Rassel am Schwanzende. Wie die meisten Schlangen häutet sich auch die Klapperschlange mehrere Male in ihrem Leben. Dabei bleiben Reste bestehen, die schließlich Ringe aus Horn bilden. Wenn eine Klapperschlange sich bedroht fühlt, bringt sie diese Hornringe zum Vibrieren und sie rasseln aneinander. So entsteht das typische „Klappern", das gut 20 Meter weit zu hören ist.

Das Klappern einer Klapperschlange ist ein deutlicher Hinweis, möglichst rasch das Weite zu suchen. Denn die bis zweieinhalb Meter langen Tiere gehören zu den Giftschlangen. Es gibt etwa 20 verschiedene Klapperschlangenarten. Jede besitzt ihren eigenen Giftcocktail. Das Klapperschlangengift enthält Stoffe, die die Wände der Blutgefäße sowie die weißen und roten Blutkör-

perchen zerstören. Andere Stoffe führen zur Gerinnung des Blutes. Es klumpt und die Gefäße verstopfen. Hinzu kommen Gifte, die die Nerven lähmen. Der Gebissene wird blind und kann nicht mehr atmen. Wenn er nicht schnell ein Gegengift bekommt, erstickt er.

HABEN KRAKEN EINEN LIEBLINGSARM?

Kraken haben acht Fangarme, mit denen sie gleich geschickt umgehen können. Mit allen Armen können sie kriechen und laufen, nach Beute greifen oder neue Schlupfwinkel erkunden. Und dennoch haben Kraken ganz offensichtlich einen Lieblingsarm.

Das haben Forscher bei Versuchen im Labor festgestellt. Dort untersucht man seit vielen Jahren die Lernfähigkeit von Kraken, die als besonders intelligent gelten. Kraken sind zum Beispiel in der Lage, mit ihren Armen verschlossene Dosen zu öffnen oder sogar Flaschen zu entkorken, um an Fressen zu gelangen. Sie können sich auch durch verwinkelte Labyrinthe tasten. Im Labor hat man Kraken bei solch kniffligen Aufgaben beobachtet und gesehen, dass sie dazu

immer den gleichen Arm bevorzugen. Meist ist es der Arm, der dem Lieblingsauge am nächsten ist. Das bevorzugte Sehorgan ist dabei immer das stärkere der beiden Augen. Anders als beim Menschen gibt es unter den Kraken aber genauso viele Rechts- wie Linkshänder.

STIMMT ES, DASS KROKODILE STEINE FRESSEN?

Besser wäre es, zu sagen, dass Krokodile Steine schlucken. Steine können nicht verdaut werden und bleiben im Magen liegen. Man spricht dann von Magensteinen. Sie helfen dem Krokodil, die Nahrung zu zerkleinern. Wir machen das mit unseren Backenzähnen, die dem Krokodil allerdings fehlen. Dem Krokodil bringen die Steine einen zweiten Vorteil: Wenn es auf Beute lauert, liegt es tiefer im Wasser. Auch manche Vögel picken zusätzlich zu ihrer Körnernahrung Magensteine auf. Bei Dinosaurierfossilien hat man ebenfalls Magensteine gefunden.

BEWACHEN KROKODILWÄCHTER DIE KROKODILE ?

Ein Krokodilwächter hält sich meist in der Nähe von Krokodilen auf. Wenn sie etwas zu fressen gefunden haben, weiß der Vogel, dass es auch für ihn bald etwas geben wird – Essensreste in den Zähnen. Der Krokodilwächter schlüpft in den Rachen des schlafenden Krokodils und entfernt Nahrungsreste und Parasiten aus seinen Zähnen.

Da die Vögel sozusagen als lebende Zahnbürsten funktionieren, haben sie vom Krokodil nichts zu befürchten. Außerdem achtet das Reptil sehr genau auf die Vögel, denn wenn diese auf etwas aufmerksam werden, versetzt das auch das Krokodil in Alarmbereitschaft.

WARUM WANDERN KRÖTEN?

Im Frühjahr machen oft Schilder am Straßenrand auf die Krötenwanderung aufmerksam. Sobald die Nächte nicht mehr so kalt sind, entfernen sich die Kröten aus ihrem Winterquartier im Wald und suchen Tümpel oder Teiche auf, um dort ihre Eier abzulegen. Ein Krötenweibchen legt bis zu fünf Kilometer Weg zum Laichgewässer zurück. Oft trägt es dabei noch ein oder sogar mehrere Männchen auf dem Rücken.

WARUM LAUFEN IN INDIEN DIE KÜHE AUF DER STRASSE?

Die meisten Inder sind Hindus und in der Religion des Hinduismus ist die Kuh heilig. Manchen Gläubigen gilt die Kuh selbst sogar als Göttin. Daher ist Indien das Land mit den meisten Kühen. Sie werden nur sehr selten geschlachtet. Viele der Tiere laufen frei herum und wenn sie auf der Straße ein Mittagsschläfchen halten, fahren die Autofahrer vorsichtig um sie herum. Produkte aus Milch, wie die geklärte Butter Ghi oder Joghurt, sind wichtige Teile hinduistischer Gottesdienste. Sie gelten als besonders rein, die Kuh ist deshalb unantastbar.

WARUM KAUEN KÜHE ZWEIMAL?

Kühe sind Wiederkäuer und ernähren sich hauptsächlich von Gras. Gras ist aber nicht leicht bekömmlich und nur schwer verdaulich. Darum besitzen Kühe gleich mehrere Mägen, in denen kleine Bakterien beim Zerkleinern der Nahrung helfen. Zunächst verschlingt die Kuh die Grasbüschel, ohne sie zu zerkauen. Dann legt sie sich auf den Boden und würgt das Grünzeug wieder hoch, zerkaut alles zu Brei und schluckt es wieder runter. Was jetzt noch immer zu groß ist, wandert zur Nachbearbeitung zurück ins Maul. Erst danach geht es in den eigentlichen Magen, wo mit Hilfe von Magensäure der Pflanzenbrei völlig zersetzt wird.

KÖNNEN TIERE LACHEN?

Lachen ist eine rein menschliche Fähigkeit. Tiere können also nicht lachen. Man vermutet aber, dass sich das Lachen aus einer typischen Gebärde der Menschenaffen entwickelt hat: aus dem Fletschen der Zähne, während gleichzeitig die Lippen und Mundwinkel verzogen werden. Das können zum Beispiel Gorillas und Schimpansen sehr gut und es sieht einem Lachen manchmal sehr ähnlich. Bei ihnen hat es aber mit Freude nichts zu tun. Es ist vielmehr eine Art Drohgebärde, in die auch Furcht hineinspielt. Erst bei den Menschen wurde daraus im Laufe ihrer Entwicklungsgeschichte ein Ausdruck von Freude.

WIE KOMMT EINE KOPF-LAUS AUF DEN KOPF ?

Anders als Flöhe hüpfen Läuse nicht, sondern klettern auf ihren Wirt und haken sich dort mit den Haltehaken ihrer Beine fest. Hat sich die Kopflaus an einem Haar eingehängt, hilft kein Kratzen oder Kämmen: Für die Kopflaus ist das wie ein leichter Wind im Haarwald. Nur ein Spezialshampoo hilft, die lästigen Gäste wieder loszuwerden.

KÖNNEN LIBELLEN STECHEN?

Libellen sind Räuber und ergreifen ihre Beute im Flug. Dazu besitzen sie kräftige Beißkiefer, mit denen sie sich auch gegen Angreifer verteidigen. Im Gegensatz zu Bienen, Wespen oder Hummeln besitzen Libellen aber keinen Stachel zur Abwehr. Deshalb können sie entgegen einem weit verbreiteten Irrglauben auch nicht stechen. Die Weibchen haben zwar einen Dorn am Hinterleib, mit dem sie weiche Pflanzenstängel aufschlitzen und dort ihre Eier ablegen können. Dieser Legebohrer ist aber viel zu schwach, um die derbe menschliche Haut zu durchdringen. Libellen sind also für den Menschen völlig harmlos.

WIE WEIT KANN MAN LÖWENGEBRÜLL HÖREN?

In der afrikanischen Savanne ist das charakteristische Löwengebrüll bis zu neun Kilometer weit zu hören. Meist ertönt es in der Abenddämmerung, bevor die Tiere auf die Jagd gehen, und in den frühen Morgenstunden. Das Männchen markiert durch das Brüllen die Grenzen seines Reviers oder will damit seine Rivalen abschrecken. Den Weibchen dient das Gebrüll zur Verständigung und Kontaktpflege innerhalb des Rudels. Löwen sind übrigens die einzigen Katzen, die in großen Gesellschaften leben. In einem Rudel leben bis zu zehn Weibchen und vier Männchen.

WAS MACHT DER MARDER IM AUTO?

Der Marder ist ein kleines Raubtier mit scharfen Zähnen, der besonders im Winter gerne ein warmes Plätzchen zum Ausruhen sucht. Deshalb bekommt so mancher Autofahrer, der seine Motorhaube öffnet, einen großen Schreck. Entweder sind Kabel oder Schläuche zerbissen oder es springt ihm ein Marder entgegen. Manchmal liegt auch ein kleineres totes Tier im Motorraum. Es ist der noch warme Motor des abgestellten Autos, der den Marder zu einer Pause oder gleich zur Übernachtung einlädt. War vor ihm allerdings bereits ein anderer Marder da, macht ihn das wütend. Er verteidigt sein Revier und zerbeißt dann alles, was er finden kann. Übrigens: Als Automarder bezeichnet man Diebe, die Autos aufbrechen.

WAS BEDEUTEN DIE PUNKTE AUF DEN MARIENKÄFERN?

Auf jeden Fall haben die Punkte nichts mit dem Alter zu tun. Marienkäfer haben in ihrem Leben immer gleich viele Punkte. Durch die Anzahl lassen sich jedoch die verschiedenen Marienkäferarten unterscheiden. Es gibt zum Beispiel Marienkäfer mit 2, 5, 7 oder sogar 24 Punkten. Am bekanntesten ist der Siebenpunkt mit seinen rot gefärbten Flügeln. Schon seit Tausenden von Jahren gilt er als Glücksbringer. Da die possierlichen Krabbler besonders gern die schädlichen Blattläuse fressen, hielten die Bauern sie sogar für ein Geschenk der heiligen Maria – daher stammt auch ihr Name.

WAS MACHT DER MAULWURF MIT SEINEM MAUL?

Natürlich fressen! Und Maulwürfe haben fast immer Hunger. Darum durchwühlen sie mit ihrem guten Tastsinn, dem perfekten Gehör und der unfehlbaren Nase den Boden ständig nach Regenwürmern, Schnecken, Insekten und anderen Kleintieren. Die dabei anfallende Erde drücken sie mit ihren Grabhänden nach oben. So entstehen die Maulwurfshügel. Die sind zwar bei Gärtnern überhaupt nicht beliebt, aber die eigentlichen Namensgeber der samtschwarzen Gesellen. Denn das „Maul" in seinem Namen hat nichts mit Schnauze zu tun, sondern stammt vom alten Wort „muha" für „Haufen".

MIT WELCHEM KÄSE FANGE ICH DIE MEISTEN MÄUSE?

Mäuse sind Allesfresser. Sie ernähren sich vor allem von Getreide und Gräsern, sie knabbern aber auch gerne Nüsse, Obst und Gemüse. Käse steht eigentlich nicht auf ihrem Speiseplan. Allerdings reagieren die kleinen pelzigen Tierchen mit den Knopfaugen auf den intensiven Käsegeruch. Mit ihrer guten Nase spüren Hausmäuse auch die verstecktesten Vorräte auf, zu denen sie sich, wenn es sein muss, auch durchnagen. Die intelligenten Tiere sind nur schwer zu bekämpfen – auch mit Speck lassen sie sich nicht gern fangen.

WAS FÜR EIN TIER IST DIE MEERKATZE ?

Eine Meerkatze ist ein Affe. Sein bengalischer Name lautet „Merkat“ und daraus wurde im Deutschen „Meerkatze“ – ein Name, der eigentlich nicht zu dem Tier passt, denn es ist ja keine Katze und lebt auch nicht im Meer.

Meerkatzen sind gesellige Tiere und leben im Rudel. Von Bauern sind sie gefürchtet, denn sie fallen mit lautem Getöse über die Felder her. Dort stopfen sie sich die Backentaschen voll. Anschließend machen sie sich über die jungen und zarten Pflanzen her, die sie ausreißen, anbeißen und wegwerfen. Auch mit Antilopen treiben Meerkatzen gern ihr Spiel. Sie lassen sich von Bäumen auf die Antilopen herabfallen und freuen sich, wenn diese sich erschrecken.

WOHER KOMMT DER NAME MEERSCHWEINCHEN?

Die Inkas in Peru waren die Ersten, die das Meerschweinchen domestizierten, also zum Haustier machten. Vermutlich waren es spanische Eroberer, die das Meerschweinchen nach Europa brachten – und zwar auf Schiffen übers Meer. Damit wäre auch ein Teil des Tiernamens erklärt. Da die Tiere quiekende Laute von sich gaben, die an das Quieken von Schweinen erinnerten, hießen sie fortan „Meerschweinchen" – schließlich waren sie ja ein ganzes Stück kleiner als normale Hausschweine.

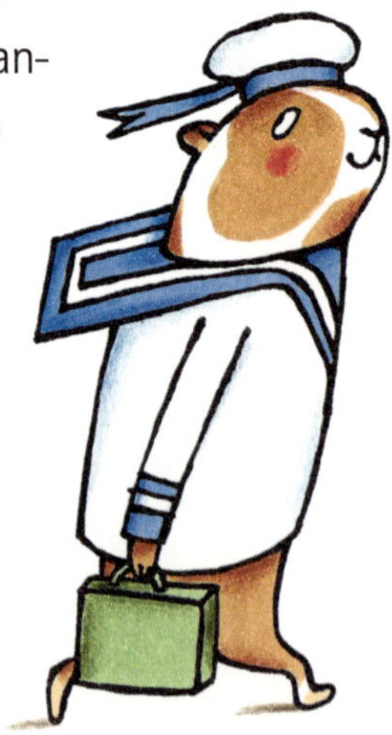

Die kleinen Meerschweinchen werden mit offenen Augen und behaart geboren. Schon ein bis zwei Stunden nach der Geburt sind sie quicklebendig

und werden regelmäßig von ihrer Mutter gesäugt. Und natürlich quieken sie auch schon.

Meerschweinchen geben auch noch andere Geräusche von sich. Wenn sie gestreichelt werden, tuckern sie. In ihrer Sprache bedeutet das große Zustimmung und beinhaltet die Aufforderung, ruhig weiterzustreicheln.

WARUM BENUTZT DER BAUER EINE MELKMASCHINE?

Früher haben Bauern ihre Kühe zweimal täglich in mühsamer Handarbeit gemolken. Bauern mit vielen Kühen mussten dafür ganz schön viel Zeit einplanen. Heute wird diese Aufgabe auf fast allen Höfen von Melkmaschinen verrichtet. So können problemlos mehrere Kühe gleichzeitig gemolken werden, und ein einzelner Melker kann erheblich mehr Kühe versorgen als früher.

Wie der Melker mit seinen Händen ahmt auch die Melkmaschine das Saugen des Kälbchens nach. Dazu werden sogenannte Zitzenbecher auf die Zitzen der Kuh gesetzt. Eine Pumpe saugt die ausströmende Milch dann über Schläuche ab. Auch mit den Maschinen braucht man zum Melken eine Menge Wissen und Erfahrung. Zum Beispiel muss der Bauer darauf achten, dass die

Maschine rechtzeitig mit dem Melken aufhört. Denn wenn zu kurz oder zu lang gemolken wird, kann sich das Euter entzünden. Der Milchfluss einer Kuh dauert ungefähr vier bis sieben Minuten.

HABEN AUCH TIERE MILCHZÄHNE?

Nicht alle Tiere haben Milchzähne, aber fast alle Säugetiere haben sie. Reptilien wie Krokodile oder Fische wie Haie brauchen von Anfang an starke Zähne zum Fressen, mit Milchzähnen könnten sie nichts anfangen. Aber ob es die kleine Katze, die kleine Fledermaus oder der kleine Eisbär ist: Sie alle bekommen zuerst Milchzähne. Es gibt ein paar Ausnahmen, zum Beispiel die Delfine. Im Lauf des Lebens wächst der Kopf und damit auch Ober- und Unterkiefer. So ist im Mund mehr Platz. Deshalb fallen die Milchzähne aus und die bleibenden Zähne wachsen nach. Sie sind stabiler und es gibt mehr von ihnen.

SIND MÖRDERMUSCHELN WIRKLICH MÖRDER?

Mördermuscheln sind die größten Riesenmuscheln und leben in den Korallenriffen tropischer Meere. Sie ernähren sich von kleinsten Lebewesen, die sie aus dem Wasser herausfiltern.

Es gibt den Aberglauben, dass Riesenmuscheln einen Taucher oder andere Tiere packen und auf den Grund der See hinabziehen. Doch das ist Unsinn. Tiere sind keine Mörder; sie töten, um selbst zu überleben. Allerdings sind Mördermuscheln auch nicht ungefährlich. Sie besitzen einen „mörderisch" mächtigen Muskel, mit dem sie ihre Schalenhälften langsam, aber fast unaufhaltsam schließen. Was zwischen die Schalenhälften gerät, kann nur befreit werden, indem man diesen Schließmuskel zerschneidet.

WARUM JUCKT EIN MÜCKENSTICH ?

Bei den Mücken stechen nur die Weibchen, denn sie brauchen eine Blutmahlzeit, um ihre Eier legen zu können. Männchen ernähren sich nur von Blütennektar. Die Weibchen haben Stechborsten, mit denen sie Blut saugen. Die Borsten sind so dünn, dass man den Einstich nicht wahrnimmt. Die juckenden Pusteln entstehen, weil die Mücke beim Stechen in die Wunde spuckt, um auf diese Weise die Gerinnung des Blutes zu verhindern.

WARUM HEISST DAS MURMELTIER „MURMELTIER“?

Der Name Murmeltier leitet sich von dem lateinischen Wort „mus montis“ ab, was übersetzt „Bergmaus“ bedeutet. In der althochdeutschen Sprache entstand daraus die Bezeichnung „murmunto“. Da die Menschen diesen Namen aber nicht verstanden, entwickelten sie daraus im Lauf der Zeit unser heutiges Wort Murmeltier. Das ist an das Zeitwort „murmeln“ angelehnt, aber mal ehrlich: Hat schon einmal jemand ein Murmeltier murmeln gehört?

Wenn man von Murmeltieren etwas hört, dann ist es ein gellender Pfiff. Murmeltiere sind äußerst wachsam. Nähert sich eine Gefahr, stellen sie sich auf die Hinterbeine, suchen gründlich die Umgebung ab und stoßen schließlich einen Pfiff aus. Im Nu sind alle Tiere im Bau verschwunden.
Ein solcher Bau ist oft weit verzweigt, mit

Vorratskammern und der großen Schlafkammer. Während des Winterschlafs, der bis zu sechs Monate dauert, kuscheln sich manchmal 20 Tiere einer Familie eng aneinander. Die Jungen werden dabei von den Erwachsenen in die Mitte genommen. Durch das Kuscheln verbrauchen vor allem die jungen Murmeltiere weniger Energie und kommen so gut über den Winter.

WARUM HÖRT MAN DAS MEER IN DER MUSCHEL RAUSCHEN ?

Hält man sich ein großes Schneckengehäuse ans Ohr, kann man eine Art Meeresrauschen wahrnehmen. Es rauscht jedoch nicht das Meer und auch nicht unser eigenes Blut, wie viele glauben. In dem hohlen Gehäuse ist vielmehr eine Luftsäule, die in einer bestimmten Frequenz schwingt. Jedes Geräusch um uns herum schwingt auch in einer bestimmten Frequenz. Die Muschel verstärkt die Geräusche um uns herum, die ähnlich schwingen wie die Luft in ihrem Inneren.

WAS MACHT DER NACHT-FALTER AM TAG?

Nicht alle Nachtfalter sind nachts aktiv und ruhen sich tagsüber aus. Die Hummelschwärmer fliegen beispielsweise bei Sonnenschein. Dagegen schwärmen Perlglanzspanner tatsächlich nur in der Dämmerung und nachts. Sie sind wie die meisten Nachtspanner recht unscheinbar gefärbt – und dadurch tagsüber während ihrer Ruhephase gut getarnt. Es gibt aber auch bunte Nachtfalter wie zum Beispiel das Nachtpfauenauge oder das Widderchen. Oft werden die unscheinbaren Nachtfalter zusammen mit den Kleinschmetterlingen auch als Motten bezeichnet.

KRABBELT DER OHRWURM IN OHREN ?

Lange Zeit glaubten die Menschen, der Ohrwurm würde ihnen in die Ohren kriechen. Doch das ist ganz falsch. Die Tiere sind scheu und verstecken sich in engen Spalten.

Die Ohrwürmer gehören zu den wenigen Insekten, die sich intensiv um ihren Nachwuchs kümmern. Das Ohrwurmweibchen legt die Eier zumeist unter ein Brett oder unter einen Stein. In der Folgezeit achtet es darauf, dass es dort nicht zu feucht und zu kalt ist. Wenn die Mutter das Gefühl hat, das Klima sei nicht in Ordnung, trägt sie die Eier an einen anderen Ort.

WARUM STELLEN SICH OPOSSUMS TOT ?

Wenn ein Opossum angegriffen wird, dreht es sich um, reißt seinen Rachen weit auf und faucht den Angreifer wild an. Die Zähne des Opossums sind spitz und kräftig. Wenn es mit dieser Aktion keinen Erfolg hat, wird das Opossum zum Schauspieler. Seine Augen schließen sich, der Kiefer fällt herab, der Atem setzt aus, der ganze Körper wird starr und das Opossum fällt um. Aus seinem Mund strömt ein äußerst unangenehmer Mundgeruch.

Diese Schauspielerei ist oft erfolgreich, denn viele Raubtiere sind auf lebende Beute aus. Scheinbar tote Tiere interessieren sie nicht – es sei denn, sie sind Aasfresser wie zum Beispiel Hyänen. Sobald der Feind seiner Wege gezogen ist, wird das Opossum auf wundersame Weise wieder lebendig.

VERSTEHEN PAPAGEIEN, WAS SIE NACHPLAPPERN?

Manche Papageien sind sehr begabt und ahmen in Gefangenschaft die menschliche Sprache nach. Einige Tiere sprechen nur einzelne Wörter, andere können ganze Sätze sprechen und sogar die Melodie der Sprache wiederholen. Dabei benutzen sie wie die Menschen ihre Zunge, um Laute zu bilden. Sie verstehen aber nicht, was sie nachplappern.

Papageien sind gesellige Vögel. In Freiheit verständigen sie sich durch vielfältige Laute untereinander. Wenn zum Beispiel Gefahr droht, stoßen sie ganz schrille Töne aus, die sehr gut und weit zu hören sind.

WANN IST EIN PFERD EIN PONY ?

Ponys und Pferde sind keine unterschiedlichen Tierarten. Ob eine Pferderasse zu den Ponys oder zu den Pferden gezählt wird, hängt allein von der Größe ab. Pferde, deren Stockmaß kleiner als 1,48 Meter ist, werden als Ponys bezeichnet. Das Stockmaß ist ein spezieller Messstock. Mit ihm kann man an einer bestimmten Stelle am Rücken des Pferdes, die man Widerrist nennt, die Größe des Pferdes messen.

Typisch für Ponys sind die großen Augen, der dicke Schopf über der Stirn, das zottelige Fell und die kurzen flinken Beine. Wer jetzt glaubt, Ponys seien leichter zu reiten als Pferde, weil sie ja viel kleiner sind, der irrt sich. Ponys müssen genauso zum Reiten erzogen werden wie „normale" Pferde. Das ist manchmal sogar schwieriger, denn Ponys

verfügen meist über eine hohe Intelligenz und großen Einfallsreichtum.

Zu den Ponys zählt man zum Beispiel Shetlandponys, Welshponys, Islandpferde, Haflinger, Exmoor- und Dartmoorponys. Das kleinste Pony der Welt ist das Falabella-Pony. Es erreicht nur eine Widerristhöhe von 70 Zentimetern.

WIE SCHÜTZT DER PINGUIN SEIN EI VOR DER KÄLTE ?

Die Weibchen der Kaiserpinguine, die in der Antarktis leben, legen jeweils ein Ei. Das hebt sich das Männchen mit seinem Schnabel auf seine Füße und brütet es dort in seiner warmen Bauchfalte aus. Auf dem Eis würde das Pinguinei ganz schnell erfrieren. Deshalb hält es der Vater gut fest und bewegt sich sehr vorsichtig, damit ihm das Ei nicht von den Füßen rollt. Kalte Füße kriegt der Pinguin dabei nicht, weil das abgekühlte Blut in den Beinen sofort von warmem Blut aus dem Körperinneren wieder aufgewärmt wird.

WARUM SIND QUALLEN SO GLITSCHIG?

Sie bestehen zu fast 99 Prozent aus Wasser. Quallen gehören zu den Wirbellosen. Das sind Tiere ohne Skelett, ohne Knochen und ohne Rückgrat. Als Hohltiere sind sie aus zwei Schichten aufgebaut, die eine Gallertmasse umschließen.

Doch auch wenn sie glibbrig aussehen, sind einige Quallenarten gefährlich. Quallen sind Nesseltiere. An ihren Tentakeln sitzen feine Nesselkapseln. Das Gift, das die Nesseln absondern, dient eigentlich zum Fangen und Lähmen der Beute. Wenn jemand die Nesseln einer Feuerqualle berührt, kann das schmerzhaft brennen.

WO VERSTECKEN SICH RATTEN ?

Weltweit soll es mehr Ratten geben als Menschen. Natürlich hat sie niemand gezählt, aber auch wenn man sie nicht sieht, leben sie doch überall, wo Menschen leben. Ratten sind Allesfresser, die sich meist von menschlichen Abfällen ernähren. Die finden sie in dunklen Winkeln, in Kellern, Vorratslagern oder in der Kanalisation.

Bei uns gibt es Haus- und Wanderratten. Hausratten haben ein glattes Fell und ihr Schwanz ist länger als der Körper. Die sehr kletterfreudige Hausratte ist vornehmlich auf Zwischen- oder Dachböden anzutreffen. Die Wanderrate bevorzugt Keller oder die Kanalisation. Sie ist dicker als die Hausratte, kann nicht klettern, aber gut schwimmen. Ihr Schwanz ist kürzer als der Körper.

WAS MACHT DER WURM IM APFEL ?

Der Wurm im Apfel ist eine Made oder Raupe. Fruchtfliegen und viele Schmetterlinge legen ihre Eier an Obstbäumen ab. Aus diesen Eiern schlüpfen kleine „Obstmaden“ (Raupen), die sich sofort daranmachen, zu den reifenden Äpfeln zu kriechen. Flugs frisst sich die Raupe durch die Schale und futtert sich unermüdlich durch die Frucht, bis sie den Kern erreicht hat. Und auch dann frisst sie weiter, bis sie aus dem Apfel heraus ist. Eine befallene Frucht kann man an den kleinen, braunen Kotkügelchen erkennen, die die Raupe im Fressgang hinterlässt.

KANN EIN GETEILTER REGENWURM WEITERLEBEN?

Die Annahme, dass sich bei der Teilung eines Regenwurms zwei lebensfähige Würmer entwickeln, ist weit verbreitet, aber falsch. Ein Regenwurm kann zwar weiterleben, wenn sein hinterer Teil abgetrennt wurde. Das Vorderteil mit dem Gehirn ist aber nur überlebensfähig, wenn bei der Trennung der Darm nicht verletzt wurde. In solch einem Fall kann der Regenwurm den verlorenen Körperabschnitt zum Teil neu bilden. Die Neubildung bezeichnet man als Regeneration. Das abgetrennte Hinterteil kann sich nicht regenerieren und es stirbt nach kurzer Zeit ab.

WARUM MUSS DER REIHER REIHERN?

Auf keinen Fall, weil er Magenprobleme hat. Reiherjunge werden meist von beiden Elternteilen gemeinsam betreut. Nach der Jagd bringen die Altvögel das Futter für den Nachwuchs im Magen zum Nest, wo sie es direkt in den Schlund der Jungtiere oder ins Nest erbrechen – sie reihern. Ältere Jungvögel lösen den Würgereiz bei den Eltern aus, indem sie deren Schnabel seitlich packen und nach unten ziehen. In der Umgangssprache hat sich der Begriff „reihern“ für „sich übergeben“ eingebürgert.

SCHWIMMT DER SAND-FISCH IM SAND?

Der Sandfisch ist eine Echse und gehört zu den Skinken. Wie sein Name schon sagt, lebt er meist im Sand. Durch seine Körperform und die glatten Schuppen ist er bestens an das dortige Leben angepasst. Tagsüber gräbt er lange Tunnel durch die Sanddünen. Wenn er sich durch den Sand bewegt, vollführt er Ruderbewegungen – das sieht so aus, als würde er schwimmen.

Übrigens heißt der Sandfisch auch „Apothekerfisch“. Das kommt daher, dass man die Tiere früher trocknete und zu Pulver zerrieb. Dieses Pulver galt als Heilmittel gegen zahlreiche Krankheiten.

KANN DIE SCHILDKRÖTE DEN PANZER AUSZIEHEN?

Alle Schildkröten haben einen Panzer aus harten Knochenplatten, der aus einem gewölbten Rückenpanzer und einem flachen Bauchpanzer besteht. Da sich der Panzer aus der Wirbelsäule und den Rippen der Schildkröte entwickelt hat, ist er fest mit dem Skelett des Tieres verbunden. Daher kann eine Schildkröte niemals aus ihrem Panzer herauskriechen. Bereits bei der Geburt, wenn die Schildkröte aus dem Ei schlüpft, trägt sie einen Panzer. Er wächst über die Jahre mit und bietet der Schildkröte Schutz bei Gefahr. Wenn sie sich bedroht fühlt, zieht die Schildkröte ihren Kopf, die Beine sowie den Schwanz in den Panzer zurück.

KANN EINE SCHLANGE EIN KROKODIL FRESSEN?

Es gibt Schlangen wie den Python oder die Boa, die Beutetiere verschlingen können, die größer und schwerer sind als sie selbst. Diese sogenannten Riesenschlangen töten nicht mit Gift, sondern durch Umschlingen.

Die bis zu neun Meter lange Anakonda gehört zu den größten Boaschlangen. Sie lebt in den Sümpfen des südamerikanischen Regenwaldes und lauert Tieren auf, die sich zu nah ans Ufer wagen. Leguane und Kraniche zählen ebenso zu ihrer Nahrung wie Wasserschweine, Hirsche oder sogar kleinere Krokodile (Kaimane). Sie packt blitzschnell mit ihrem kräftigen Kiefer zu. Der über 200 Kilogramm schwere Körper der Anakonda umschlingt das Opfer, sodass die Blutzufuhr gestoppt wird. Das Tier verliert das Bewusstsein und wird unzerkaut ver-

schlungen. Da die Riesenschlange durch einen extrem beweglichen Kiefer sehr große Beutetiere verschlingen kann, genügt es ihr, nur zwei- bis viermal im Jahr zu fressen.

Die Verdauung ist für die Schlange anstrengender als die Jagd. Leber und Dünndarm vergrößern sich auf das Dreifache, Herz und Lunge leisten Schwerstarbeit. Erst nach einer Woche schrumpfen die Organe wieder auf ihre Ursprungsgröße zusammen.

TRÄGT DIE SCHLEIEREULE EINEN SCHLEIER?

Schleiereulen tragen natürlich keinen echten Schleier. Der Name stammt von den weißen Federn im Gesicht, die wie ein herzförmiger Schleier aussehen. Ist die Eule beunruhigt, zieht sich der Gesichtsschleier zusammen, so dass die Augen des Tieres tief in Falten verborgen sind. Beim Fressen können die Gesichtsfedern angelegt werden und bleiben dadurch sauber. Schleiereulen jagen nachts und ernähren sich vor allem von Mäusen. Da die Vögel gern auch in Kirchtürmen nisten, werden sie auch Kircheulen oder Turmeulen genannt.

SIEHT DAS SCHNABELTIER AUS WIE EINE ENTE?

Als vor gut 200 Jahren Wissenschaftler das erste Fell eines Schnabeltiers sahen, glaubten sie, man wolle ihnen einen Streich spielen. Das Tier sah aus, als sei es aus Otter, Biber und Ente zusammengesetzt.

Tatsächlich ist das Schnabeltier ein außergewöhnliches Tier. Es ist ein Säugetier, legt aber Eier. Es hat keine Zitzen, aus denen die Jungtiere Milch saugen könnten. Dafür besitzt es Milchdrüsen, von denen die jungen Schnabeltiere die Milch ablecken können. Allerdings muss sich die Mutter dafür auf den Rücken legen. Und das Schnabeltier ist fast blind und taub. Dass es sich dennoch gut orientieren kann, verdankt es einer Art elektrischem Sinn. Damit nimmt es sogar die winzigen Bewegungen wahr, die Beutetiere mit ihren Muskeln erzeugen.

WARUM SIND SCHNECKEN SCHLEIMIG?

Schnecken haben einen empfindlichen, ganz weichen Körper. Sie besitzen keine Knochen, dafür jedoch jede Menge Muskeln. Um sich fortzubewegen, zieht die Schnecke ihre Muskeln zusammen und entspannt sie wieder. Wie bei einer Welle schiebt sich der Körper vorwärts. Damit sie sich beim Kriechen über spitze Gegenstände wie Steine, Tannennadeln oder Äste nicht verletzt, sondert die Schnecke einen Schleim ab. Sie überzieht den Untergrund mit einer glatten Schleimschicht, auf der sie perfekt geschützt entlanggleiten kann.

WIRD DIE SCHOLLE SCHON PLATT GEBOREN?

Die Scholle ist ein flacher, platter Meeresbewohner. Doch in den ersten zwei Monaten ihres Lebens sieht sie noch anders aus – ganz wie ein normaler Fisch. Dann aber verändert sich das Aussehen der Scholle. Der Körper des Fisches wird plötzlich platter, der Mund schief. Das linke Auge wandert über die Stirn allmählich auf die rechte Körperseite. Wenig später schwimmt der kleine Fisch mit der linken Seite nach unten durchs Wasser. Nun verändert sich auch die Färbung. Die untere Seite wird hell, die obere färbt sich graubraun und bekommt die für Schollen typischen roten Flecken. Fortan schwimmt die Scholle nicht mehr durchs Meer, sondern lebt auf dem Meeresgrund.

WOMIT SCHIESST DER SCHÜTZENFISCH ?

Die meisten Fische, die sich von Insekten ernähren, warten in aller Ruhe ab, bis sich ein Insekt auf der Wasseroberfläche niederlässt, und schnappen dann zu. Das dauert dem Schützenfisch zu lange, er wird selbst aktiv. Sein Vorteil ist, dass er hervorragend durch die Wasseroberfläche hindurchsehen kann. Sobald er auf einer Pflanze am Ufer ein geeignetes Insekt entdeckt, schießt er es mit einem gezielten Wasserstrahl ab.

Um dieses Kunststück zu vollführen, stellt der Schützenfisch sein Maul steil nach oben, zieht die Kiemen zusammen und presst so Wassertropfen aus dem Mund. Seine Zunge dient ihm als Abschussrampe. Auf diese Weise kann der Schützenfisch Insekten in bis zu 1,5 Meter Entfernung abschießen. Die

Wirkung der Wassertropfen ähnelt dabei der von Schrotkugeln. Die Beute fällt ins Wasser und der Schützenfisch schnappt zu.

Schützenfische sind mit den Barschen verwandt. Sie leben in den tropischen Meeren und Flussmündungen von Ostasien.

WIE KOMMT DIE SCHWALBE AUF DEN FUSSBALLPLATZ?

Wenn ein Fußballspieler sich absichtlich fallen lässt, um ein Foul seines Gegenspielers vorzutäuschen, nennt man das eine Schwalbe. Damit der Schiedsrichter glaubt, das Foul wäre besonders schwer gewesen, springt der Spieler ab und segelt mit ausgebreiteten Armen wie der Vogel im Tiefflug durch die Luft.

Wenn er Glück hat, fällt der Schiedsrichter auf den Betrug herein und er erhält einen Freistoß oder sogar einen Elfmeter zugesprochen. Es kann aber auch passieren, dass der Täuschungsversuch auffliegt. Dann bekommt der „Tiefflieger“ wegen Unsportlichkeit die Gelbe Karte gezeigt.

WIEVIEL WASSER KANN EIN SCHWAMM AUFNEHMEN?

Schwämme sind Tiere, die im Meer leben. Naturschwämme sehen unregelmäßig aus und sind teuer. Heute verwendet man deshalb meistens Schwämme aus Kunststoff.

Ein Schwamm kann sich mit Wasser vollsaugen, weil er unzählige kleine Poren hat. Beim Zusammendrücken weicht die Luft aus den Poren. Wenn man den Schwamm dann unter Wasser wieder loslässt, saugen diese Poren Wasser auf. Bei mehreren tausend Schwammarten und Tausenden von künstlich hergestellten Schwämmen ist es ganz unterschiedlich, wie viel Wasser in einen Schwamm passt. Manche können sich mit dem 30-fachen ihres eigenen Gewichts vollsaugen.

WARUM GELTEN SCHWEINE ALS GLÜCKSBRINGER?

Diese Tradition ist Jahrhunderte alt und stammt wahrscheinlich aus dem Mittelalter. Damals war ein einzelnes Schwein sehr wertvoll. Das rosafarbene Borstenvieh brauchte nicht viel Futter und die zahlreichen Ferkel konnten teuer verkauft werden. Von dem Fleisch und dem Schmalz eines Schweins lebte eine Familie einen ganzen Winter. Der Verlierer eines Turniers im Mittelalter bekam als Trostpreis ein Schwein (Ferkel) überreicht. Da hatte er noch mal „Schwein“ gehabt!

WO WACHSEN SEEGURKEN?

Seegurken wachsen nicht an Bäumen oder Sträuchern, sie leben im Meer. Und sie sind auch keine Gurken, manche sehen nur so ähnlich aus. Seegurken oder Seewalzen, wie man sie auch nennt, gibt es in vielen Farben und Formen. Manche werden nur wenige Millimeter groß, andere zwei Meter lang. Sie gehören wie die Seesterne zur Familie der Stachelhäuter. Die meisten leben am Meeresboden, den sie nach Nahrung „abgrasen". Einige filtern mit Hilfe der um die Mundöffnung gruppierten Tentakeln Plankton aus dem Wasser.

WARUM HEISSEN JUNGE SEEHUNDE „HEULER“ ?

Die jungen Seehunde werden im Juni auf Sandbänken geboren. Sie sind nicht wasserscheu und können sofort schwimmen. Allerdings können sie noch nicht selbst auf Nahrungssuche gehen. Daher werden sie etwa alle drei Stunden von ihrer Mutter gesäugt.

Wattwanderer stoßen gelegentlich auf kleine Seehunde. Die stoßen heulende Rufe aus und sehen mit ihren großen dunklen Augen furchtbar traurig aus. Von diesen Rufen haben sie den Namen „Heuler“. Doch die kleinen Seehunde weinen nicht etwa, weil sie Angst haben, ihre Mutter hätte sie verlassen. Durch das Heulen halten sie vielmehr Kontakt zur Mutter, die so immer weiß, wo sich ihr Junges gerade befindet.

WOHER HAT DER SIEBENSCHLÄFER DEN NAMEN?

Von einer alten Legende. Sie berichtet von sieben christlichen Brüdern, die wegen ihres Glaubens verfolgt wurden. Sie versteckten sich in einer Höhle. Dort dösten sie ein, wurden eingemauert und schliefen die nächsten 200 Jahre durch.

Im Oktober zieht sich der Siebenschläfer in sein Winterquartier zurück. Dort verbringt er die nächsten sieben Monate. Bevor er sich zum Winterschlaf zurückzieht, frisst sich der Siebenschläfer eine dicke Fettschicht an. Um den Winter zu überstehen, fährt er alle lebenswichtigen Funktionen auf das absolut Notwendige herunter.

WARUM TROMMELT DER SPECHT?

Sein „tock-tock-tock“ ist im Wald nicht zu überhören. Ob Paarung, Hausbau oder Futtersuche: Der Schnabel ist für den Specht das wichtigste Werkzeug: Im Frühling trommelt das Vogelmännchen gegen einen hohlen Baumstamm, um ein Weibchen anzulocken und sein Revier abzugrenzen. Danach hämmern beide abwechselnd eine Baumhöhle für den Nachwuchs. Bei der Nahrungssuche hackt der Specht kleine Löcher in die Baumrinde, um an die schmackhaften Insekten, Käfer und Larven zu gelangen.

Übrigens bereitet das Hämmern dem Specht keine Kopfschmerzen, weil sein Gehirn von sehr stabilen Knochen geschützt wird.

WIE BAUT EINE SPINNE IHR NETZ ?

Spinnen haben am Hinterleib besondere Drüsen, mit denen sie die Spinnfäden hervorbringen können. Den ersten Faden befestigt eine Spinne zum Beispiel an einem höher gelegenen Ast und lässt ihn herabhängen. Nun hilft ihr der Wind. Schon beim kleinsten Lufthauch wird der dünne Faden zum nächsten Zweig getragen und bleibt dort kleben.

Zuerst baut die Spinne den Rahmen des Netzes fertig, danach webt sie den inneren Teil. Bis zu 30 Speichen verbindet sie kreisförmig miteinander. Mit ihren Beinen zupft und zieht die Spinne so lange an einzelnen Fäden, bis ein gleichmäßig gespanntes Netz entstanden ist. Durch die Erschütterung des Netzes bemerkt die Spinne sofort, ob sich ein Insekt in den klebrigen Fäden verfangen

hat oder ob sich etwas Größeres nähert und sie sich besser verkriechen sollte.

Übrigens bauen nicht alle Spinnen Netze. Einige Spinnenarten haben sich darauf spezialisiert, Fallgruben zu bauen und die Grubenwände mit Spinnseide auszutapezieren. Andere Spinnen wie Wolfsspinnen und Vogelspinnen erjagen ihre Beute im Sprung oder Lauf. Es gibt sogar Speispinnen. Aus ein bis zwei Zentimeter Entfernung bespucken sie ihre Beute mit einer klebrigen Substanz, die sie in einer speziellen Giftdrüse bilden. Die Beute klebt dann am Boden fest.

PIEKEN DIE STACHELN VOM STACHELSCHWEIN?

Die Stacheln der Stachelschweine sind die längsten im Reich der Säugetiere und können ziemlich pieken. Das schwarz-weiße Stachelkleid bedeckt vor allem die hintere obere Hälfte des Körpers und besteht aus dicken, starren Spießen von bis zu 30 Zentimetern Länge. Darüber liegen dünne, biegsame Borstenstacheln, die sogar einen halben Meter lang werden können. Wenn sich ein Stachelschwein verteidigen will, sträubt es seine Stacheln. Dann rennt es seinem Feind rückwärts entgegen und stößt ihm die Stacheln in den Körper, die dort stecken bleiben.

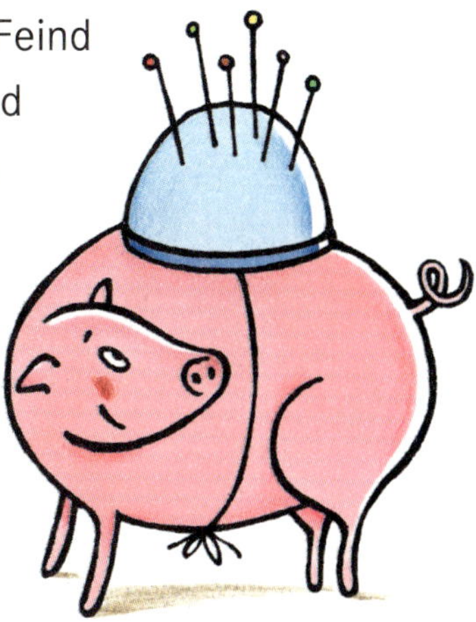

WARUM STÜRZEN STEINBÖCKE UND GÄMSEN NICHT AB?

Ihre besonderen Hufe stellen für Steinböcke und Gämsen die wichtigste Kletterhilfe im steilen, unwegsamen Gelände dar. Der Huf besteht aus zwei Klauen und den Afterklauen, die auf ebener Fläche den Boden nicht berühren. Die Sohlenflächen sind weich und schmiegen sich jeder Unebenheit perfekt an. Der überstehende Hufrand ist dagegen härter. Rutscht ein Tier auf dem Felsen aus, so verhakt sich dieser Rand selbst an winzigen Vorsprüngen und hält das Tier. Beim Abwärtslaufen bohren sich neben den Hufspitzen auch die Afterklauen fest in den Boden.

MÜSSEN ALLE LEBEWESEN STERBEN?

Alle Lebewesen werden geboren und sterben, wenn sie ihr Alter erreicht haben: die Eintagsfliege bereits nach wenigen Stunden, ein Mammutbaum erst nach tausend Jahren. Manche, allerdings sehr einfach aufgebaute Zellen sind jedoch tatsächlich unsterblich. Dazu gehören zum Beispiel bestimmte Bakterien. Sie wachsen bis auf eine bestimmte Größe heran und teilen sich dann durch Einschnüren in zwei gleichwertige, lebensfähige Mikroorganismen. Auch manche Krebszellen sind unsterblich. Ähnlich wie Bakterien wachsen sie und teilen sich ohne Ende, wenn man sie nicht durch Medikamente tötet.

WARUM REAGIERT DER STIER AUF DAS ROTE TUCH?

Rot beeindruckt Stiere genauso wenig wie Blau, Grün oder Gelb. Denn wie viele andere Tiere können auch die Stiere keine Farben erkennen. Sie sehen nur Schwarz und Weiß und einige Grauwerte. Die Angriffslust des Kampfstiers, vor dem der Matador ein rotes Tuch herumwedelt, wird also nicht durch die Farbe hervorgerufen. Es ist vielmehr die schnelle Bewegung des Tuches, die den Stier erregt. Eine besondere Wirkung hat das Rot wohl nur auf die Zuschauer in der Arena.

WARUM KLAPPERT DER STORCH?

Kurz gesagt, um sich zu verständigen. Im Gegensatz zu Zaunkönig, Kohlmeise oder Krähe besitzen Störche nämlich nur schwach ausgeprägte Stimmbänder. Darum haben sie den Gesang durch ihr weithin hörbares Schnabelklappern ersetzt – was ihnen auch den Namen „Klapperstorch" eingebracht hat. Vor allem zur Begrüßung des Partners am Nest wirft ein Storch den Kopf zurück und lässt kräftig Unter- und Oberschnabel aufeinanderschlagen. Geklappert wird aber auch, um fremde Störche vom Nest zu verjagen oder wenn Störche flirten, also balzen.

WAS MACHT EINE STUBENFLIEGE AUF DEM ESSEN?

Die Stubenfliege kann nur flüssige Nahrung aufnehmen. Dazu setzt sie sich auf alles, was irgendwie feucht ist. Die Fresswerkzeuge der Stubenfliege bestehen aus einer langen Saugröhre, einer Art Rüssel. Den rollt sie unter ihrem Körper zusammen. Wenn die Fliege nun auf der Nahrung landet, entrollt sie den Rüssel, steckt ihn in die Nahrung und pumpt verschiedene Verdauungssäfte heraus. Auf festen Stoffen setzt sie Speicheltropfen ab, wartet ein wenig und tupft dann die Flüssigkeit wieder auf, in der sich die Nährstoffe aufgelöst haben.

HABEN TAUSENDFÜSSER WIRKLICH 1000 BEINE?

Nein, wirklich 1000 Beine haben sie nicht. Doch immerhin bringen es einige Arten auf mehr als 700 Beine. Der Körper des Tausendfüßers besteht aus vielen gleichartigen Körperabschnitten mit jeweils zwei Beinpaaren. Deshalb nennt man sie auch Doppelfüßer. Der größte Tausendfüßer erreicht eine Länge von etwa 30 Zentimetern, der kleinste ist mit dem bloßen Auge kaum zu erkennen. Trotz der vielen Füße sind die Tausendfüßer aber nicht besonders schnell. Je mehr Füße ein Tier hat und koordinieren muss, desto langsamer wird es.

WORAUS BAUEN TERMITEN IHRE HÜGEL ?

Aus Speichel und Erde errichten die Termiten riesige, bis sieben Meter hohe Hügel. Für die Wand- und Bodenkonstruktionen verwenden sie dünnen Karton, den sie aus zerkautem Holz und Speichel herstellen. Unter der Erdoberfläche entstehen die oftmals fußballgroßen Nester. Der Innenraum ist durch Zwischenböden in mehrere Stockwerke unterteilt, die durch Rampen und Wendeltreppen verbunden werden. Winzige Öffnungen in den Außenwänden sorgen für Belüftung.

WOZU BRAUCHT DER TINTENFISCH TINTE?

Fühlt sich ein Tintenfisch bedroht, kann er blitzschnell eine dunkle Flüssigkeit ausstoßen, die wie Tinte aussieht. Der Angreifer ist irritiert und kann seine Beute kurzzeitig nicht mehr erkennen. Der abgesonderte Farbstoff betäubt zudem den Geruchssinn des Angreifers, sodass dieser die Spur des Tintenfisches verliert. Bei manchen Arten ist die Tinte sehr dickflüssig. Der Tintenfisch wechselt schnell seine Farbe und der Feind greift irrtümlicherweise den Tintenfleck an.

KANN MAN MIT TINTENFISCHTINTE SCHREIBEN?

Natürlich! Schon vor rund 2000 Jahren stellten die Menschen aus Tintenfischtinte Schreibtinte her. Später benutzten Künstler die unter dem Namen Sepia bekannte bräunlich-schwarze Farbe als Zeichentusche. In ihrer klassischen Rezeptur ist die Tinte jedoch nur schwach färbend und nicht ganz lichtecht. Den Tintenfischen dient die Tinte vor allem auf der Flucht. Fühlt sich ein Tier bedroht, kann es blitzschnell aus dem Tintenbeutel die dunkle Flüssigkeit ausstoßen. Der Angreifer ist irritiert und kann seine Beute nicht mehr erkennen.

WARUM TREIBEN TOTE FISCHE AUF DEM RÜCKEN?

Viele Fische haben eine Schwimmblase, die mit Luft gefüllt ist. Mit ihr können sie steuern, wie tief sie tauchen. Fische, die keine Schwimmblase haben, müssen ständig unterwegs sein, um nicht auf den Boden zu sinken. Das ist zum Beispiel bei Haien der Fall, die immer auf der Suche nach Beute sind. Sterben Haie, so sinken sie auf den Grund. Bei anderen toten Fischen ist es umgekehrt: Ihre gefüllte Schwimmblase zieht sie hoch. Da die Schwimmblase im Bauch sitzt, treiben sie dann mit dem Bauch nach oben auf dem Wasser.

... KÖNNEN TIERE AUCH TRÄUMEN?

Hast du schon einmal einen Hund oder eine Katze beim Schlafen beobachtet? Da wird gewinselt und gefaucht, die Beine zucken und die Augenlider zittern. Genau so, als würden sie im Traum aufregende Dinge erleben. Da Tiere aber leider nicht von ihren Träumen erzählen, können Wissenschaftler auch keine eindeutige Antwort geben. Doch sie vermuten, dass einige Tiere von den Geschehnissen des Vortags träumen. Also ärgere nie dein Haustier, sonst bekommt es vielleicht noch Alpträume.

KÖNNEN VÖGEL RÜCKWÄRTS-FLIEGEN ?

Normalerweise fliegen Vögel nur vorwärts. Fast reglos in der Luft stehen bleiben und sogar rückwärtsfliegen können nur die winzigen Kolibris. Dabei schlagen sie bis zu 80-mal in der Sekunde mit den Flügeln. Das ist so schnell, dass man die einzelnen Flugbewegungen gar nicht mehr erkennen kann. Bei solchen Höchstleistungen verbraucht der Kolibri sehr viel Energie und muss ständig Nektar saugen.

SPRECHEN WALE DIALEKT?

Wale sind besonders kluge und sprachbegabte Tiere. Die geselligen Säugetiere pfeifen, quietschen, knacken, brummen oder schnurren, um sich miteinander zu unterhalten. Natürlich sprechen nicht alle Wale die gleiche Sprache: Die Buckelwale sind zum Beispiel berühmt für ihre tiefen Gesänge, die Delfine für ihre schrillen Pfeiftöne. Einige Walarten können über 600 verschiedene Laute erzeugen. Andere haben sogar persönliche Tonfolgen, die sie wie Namen benutzen. Aber auch innerhalb einer Art gibt es große Unterschiede. So besitzen die Blauwale im Nordwestpazifik einen anderen Dialekt als die Blauwale im westlichen Pazifik.

WIESO SPRITZEN WALE FONTÄNEN IN DIE LUFT?

Wale sind keine Fische. Sie sind Säugetiere, die im Wasser leben. Daher atmen sie nicht wie die Fische durch Kiemen, sondern genauso wie wir die Menschen durch die Lunge. Zwar können manche Arten bis zu einer Stunde unter Wasser bleiben, zum Luftholen müssen die Wale aber wieder an die Oberfläche auftauchen. Beim explosionsartigen Ausatmen aus dem Nasenloch oben auf dem Kopf steigt der Wasserdampf aus der Atemluft meterhoch empor. Die Atemfontäne wird Blas genannt und unterscheidet sich von Walart zu Walart.

HAT DAS WARZENSCHWEIN WARZEN?

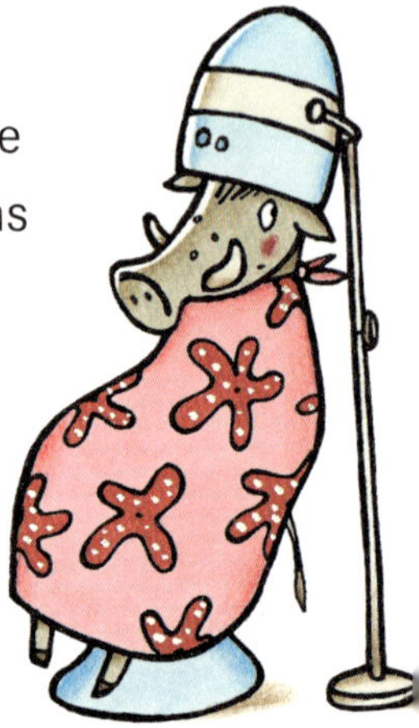

Zwischen Augen und Schnauze haben Warzenschweine sechs außergewöhnliche Höcker, die an Hautwarzen erinnern. Diesen Hauthöckern verdankt das Warzenschwein seinen Namen.

Wenn sich zwei Warzenschweine begegnen, reiben sie zunächst ihre Köpfe aneinander. Anschließend widmen sie sich intensiv der gegenseitigen Fellpflege. Wird ein Warzenschwein gereizt, setzt es seine scharfen Eckzähne zur Verteidigung ein. Da die Zähne beim Fressen ständig abgeschliffen werden, kann das Warzenschwein damit schwere Verletzungen verursachen.

WASCHEN SICH WASCHBÄREN BESONDERS OFT?

Der Waschbär trägt seinen Namen nicht, weil er sich selbst ständig wäscht. Aber er wäscht sein Futter. Das hat zwei Gründe: Der Gaumen des Waschbärs verträgt weder Sand noch Schlamm. Und der Waschbär kann keinen Speichel bilden. Also macht er sein Futter nass, um es besser kauen und schlucken zu können.

Waschbären gibt es übrigens auch bei uns. Vor etwa 70 Jahren tauchten die ursprünglich in den USA heimischen Tieren in unseren Wäldern auf. Vermutlich handelte es sich um Tiere, die aus Wildgehegen oder Pelztierfarmen entwichen waren.

LAUFEN WASSERLÄUFER WIRKLICH AUF DEM WASSER ?

Wasserläufer laufen tatsächlich über das Wasser. Dabei nutzen sie die Oberflächenspannung des Wassers. Wenn sie sich auf dem Wasser fortbewegen, liegen die langen Beine auf dem Wasser. Die Hinterbeine bilden mit den Vorderbeinen ein großes X. Dadurch besitzen sie einen maximalen Abstand zueinander und verteilen das Gewicht am besten. Oftmals berühren Fußglieder oder Knie das Wasser, niemals aber der Körper des Wasserläufers.

WIE KOMMEN DIE SAND-HAUFEN INS WATT?

Wenn sich das Meerwasser zurückgezogen hat, werden auf dem Boden Sandhäufchen sichtbar, die an Spaghetti erinnern. Das sind die Kothaufen des Wattwurms. Etwa 20 Zentimeter unter einem solchen Haufen lebt der Wattwurm gut versteckt in einer u-förmigen Röhre. Er frisst Sand und ernährt sich von den winzigen Lebewesen, die sich zwischen den feuchten Sandkörnern schlängeln. Den Sand kann der Wattwurm nicht verdauen. Deshalb kriecht er etwa alle 45 Minuten in seiner Röhre rückwärts nach oben und gibt blitzschnell drei bis fünf Zentimeter seiner Kotschnur ab.

WAS WICKELT DER WICKELBÄR?

Der Wickelbär wickelt seinen langen, greifähigen Schwanz um Äste. So bewegt er sich sicher durch die hohen Baumkronen in den Urwäldern Südamerikas. Er lockert den Schwanz erst, wenn er mit seinen Füßen festen Halt gefunden hat. Häufig hängt der geschickte Kletterer auch an Schwanz und Hinterbeinen kopfüber von einem Ast herunter und verzehrt dabei eine süße Frucht. Mit seiner langen Zunge leckt er gern Honig aus Bienennestern. Deshalb wird der Wickelbär manchmal auch Honigbär genannt.

WARUM HEULEN WÖLFE?

Wölfe machen laute Töne, die sich wie ein Heulen anhören. Dazu legen sie den Kopf zurück und strecken die Schnauze in den Himmel. Fängt ein Tier an zu heulen, stimmen die anderen gleich mit ein, jedes mit seiner unverwechselbaren „Stimme". Die Tiere sind aber nicht traurig. Wölfe sind Rudeltiere und signalisieren mit dem Heulen ihre Zusammengehörigkeit. Sie heulen, wenn sie sich sammeln wollen, wenn einzelne Tiere ihr Rudel verloren haben oder um ihr Revier gegen ein anderes Rudel zu behaupten. Besonders oft erklingt das Geheul in der Paarungszeit.

WIE VIEL WOLLE WÄCHST AM SCHAF?

Schafe haben ein dickes Fell, das sie auch im Winter warmhält. Im Frühjahr, wenn es draußen nicht mehr kalt ist, werden die Tiere geschoren. Mit einer besonderen Schere oder einem Rasierer wird ihnen der dicke Wollpelz abgeschnitten. Das Vlies – so nennt man das geschorene Fell der Schafe – kann bis zu zehn Kilogramm wiegen. Die Schafe müssen dann im Sommer nicht schwitzen und bis zum Winter ist der Pelz nachgewachsen. Übrigens ist das Fell der Schafe nicht immer weiß. Es gibt auch graue, braune, schwarze und gemusterte Schafe.

WARUM HABEN ZEBRAS STREIFEN?

Um zu überleben, müssen sich Tiere entweder verteidigen, gut verstecken können oder schnell fliehen. Die schnellen Zebras suchen zwar im Notfall ihr Heil in der Flucht. Doch sind sie durch die schwarzen und weißen Streifen auch gut getarnt. Ihr Fell ähnelt den hohen Gräsern in der afrikanischen Savanne im Spiel von Licht und Schatten. Aus der Ferne gesehen verschmelzen die Umrisse der Tiere mit der Umgebung. Dadurch entdecken Raubtiere die Zebras nicht so leicht. Außerdem hat jedes Tier sein eigenes Streifenmuster, an dem sich die Mitglieder einer Gruppe erkennen.

WARUM SIND ZECKEN FÜR MENSCHEN GEFÄHRLICH?

Zecken können verschiedene Krankheitserreger übertragen. Die augenlosen Spinnentiere sind Parasiten und ernähren sich vom Blut anderer Lebewesen. Sie sitzen meist in Gräsern und Büschen und werden im Vorbeigehen von ihren Opfern mitgenommen. Das Tückische daran ist, dass man die Winzlinge leicht übersieht. Ihren Stich bemerkt man normalerweise auch nicht, da er weder schmerzt noch juckt. Denn die Zecke benutzt ein Betäubungsmittel, wenn sie ihren Kopf unter die Haut des Menschen bohrt. Wird die Zecke entdeckt, muss sie sofort fachgerecht entfernt werden. Ungestört kann der Saugvorgang mehrere Tage dauern, in denen das Tier erbsengroß anschwillt.

WARUM ZITTERT DER ZITTERAAL?

Es ist nicht der Zitteraal, der zittert. Es sind die Tiere und Menschen, die zittern, wenn sie in seine Nähe kommen. Der Zitteraal steht nämlich unter Strom. Mit seinem lateinischen Namen heißt der Zitteraal „Electrophorus electricus“ und das sagt alles: Er kann Strom erzeugen und sich damit bei Gefahr verteidigen oder seine Beute fangen. Der Strom ist so stark, dass kleine Fische sterben, sobald der Zitteraal sich „einschaltet“. Auch für Menschen sind die Stromschläge gefährlich, wenn auch nicht unbedingt tödlich.

WIESO FLIEGEN ZUGVÖGEL IMMER IN EINEM „V“?

Im Frühjahr und im Herbst kann man oft Zugvögel am Himmel beobachten. Dabei bildet meist ein Vogel die Spitze und die anderen fliegen v-förmig hintereinander her. Durch diese so genannte V-Formation können die Tiere auf ihrer langen Reise Energie und Kraft sparen.

Vögel verdrängen Luft beim Fliegen. Um vorwärts zu kommen, müssen sie ständig den Reibungswiderstand der Luft überwinden. An den Flügelenden entstehen während des Fluges Luftwirbel, die den Luftwiderstand herabsetzen. Dadurch ist das Fliegen direkt hinter einem anderen Vogel weniger anstrengend.

Fliegen nun alle Vögel jeweils in der Wirbelzone eines Artgenossen, entsteht das typische V am Himmel. Da das Fliegen

ohne Vordermann viel Kraft erfordert, wird der Vogel an der Spitze der Formation regelmäßig abgelöst. Die Ausdauer der Zugvogelgruppe erhöht sich durch den Formationsflug um 70 Prozent.

Für große Vögel wäre ein ständiges Flattern mit den Flügeln dennoch zu ermüdend. Deswegen sind Zugvögel wie der Storch Segelflieger. Um Energie zu sparen, lassen sie sich von aufsteigenden, warmen Winden tragen und sparen dadurch Kraft.